# Navacelle

DU MÊME AUTEUR :

*Féerie d'une terre pauvre, évocation du Larzac méridional* (préface de Paul Marres), Reschly, Montpellier, 1969. (Prix Cécile Pascal-Vignal « Prose française et Histoire » aux Jeux floraux 1970).

*Guillermo du Larzac*, roman historique, Le livre de poche Jeunesse, Hachette, 1994.

GEORGETTE MILHAU

# Navacelle

Préface

ADRIENNE DURAND-TULLOU

Les Presses du Languedoc

17, rue Rigaud, 34000 Montpellier

# Sommaire

# Préface

Navacelle ! Un nom qui résonnait au travers de l'Europe bien avant que cet ensemble de nations très différentes les unes des autres ne devint une entité. Allemands, Grecs, Norvégiens, Anglo-Saxons, Latins prononçaient ce nom avec admiration en le faisant presque toujours précéder de « Cirque ».

Des générations successives ont foulé les corniches qui le surplombent des deux côtés sans se soucier des limites administratives passant au milieu du petit pont en dos d'âne enjambant la Vis, en bas, tout au fond... Rive gauche, c'est le département du Gard et la commune de Blandas ; rive droite, c'est celui de l'Hérault et la commune de Saint-Maurice qui, s'appropriant le toponyme célèbre, est devenue Saint-Maurice-Navacelle.

J'ai maintes fois tenté de faire jaillir les impressions provoquées par ce site exceptionnel sur des visiteurs venus de plusieurs points de la planète. Une réelle émotion dans la voix, des interjections, des bribes de phrases et, parfois, « Colorado ». Rien de plus. Surprise au début, j'avais fini par ne plus m'étonner au souvenir du grand spéléologue Robert de Joly, fixant son regard d'aigle dissimulé sous un pan d'un curieux béret marron tout en pointant l'index en un mouvement giratoire comme pour cerner l'immense dépression et finissant par laisser échapper à l'adresse du groupe qui l'entourait : « Voici la miniaturisation du Colorado ». Point final !...

Indescriptible en somme Navacelle ? Eh ! bien non. Seulement pour y parvenir il fallait être né aux abords, y avoir trotté enfant puis adolescent, en connaître les spectaculaires métamorphoses au fil des heures, des saisons et – condition indispensable – avoir l'âme d'un poète. Il fallait s'appeler Georgette Milhau.

En 1955, l'enfant du pays, dotée d'une sensibilité et d'un style hors du commun, consacra à Navacelle une première plaquette qui connut le succès et fut rapidement épuisée. Voici un second ouvrage dont le plan d'ensemble et certains chapitres demeurent dans la même optique. Par contre, le problème de la formation du cirque et l'évolution du milieu humain ont été profondément remaniés en raison, d'une part, de la disparition des aborigènes qui peuplaient Navacelle. Alors qu'en d'autres villages l'hémorragie s'est arrêtée et qu'une légère progression est même tangible, ici aucun n'est resté. En un demi siècle environ, l'école a fermé, les vignes de Cérizières et des Bayrades abandonnées retournent à l'état primitif...

Georgette Milhau brosse un tableau particulièrement documenté et d'un grand intérêt de l'héritage historique depuis l'occupation des grottes aux temps préhistoriques.

Le rôle des premiers moines, celui des seigneurs sont fort bien mis en lumière. Il apparaît que si l'auteur est poète, elle ne traite jamais les vieux grimoires à la légère et, quand il le faut, elle n'hésite pas à recourir aux spécialistes. On le constate en particulier à propos de la formation du site et avec la traduction de la charte de Gellone, œuvre de l'abbé Bénaben.

Afin d'accroître l'intérêt des visiteurs à venir à Navacelle, Georgette Milhau évoque quelques autres lieux dans le voisinage avec les promenades attardées. La promenade au dolmen de la Prunarède permet de découvrir les talents de l'auteur en matière de graphisme. Ceci n'a rien de surprenant quand on sait qu'elle a été pendant des années la modéliste de Paul Dardé, prix national de sculpture du Salon des Artistes français (1920).

L'ouvrage est présenté de façon fort agréable. Les caractères sont très lisibles, la mise en page aérée et l'illustration colle parfaitement au texte. Nul doute qu'il ne soit apprécié des lecteurs. Je terminerai en retenant une phrase de la dernière page : « Je salue la main à venir des pouvoirs publics dominant le cirque. » J'avoue ma perplexité craignant le pouvoir de l'argent capable de détruire cette merveille du patrimoine humain. Il n'est que de penser à certains projets, abandonnés grâce à la vigilance des populations environnantes, mais susceptibles de ressortir un jour à peine modifiés... Puisse Georgette Milhau avoir raison !

Adrienne DURAND-TULLOU.

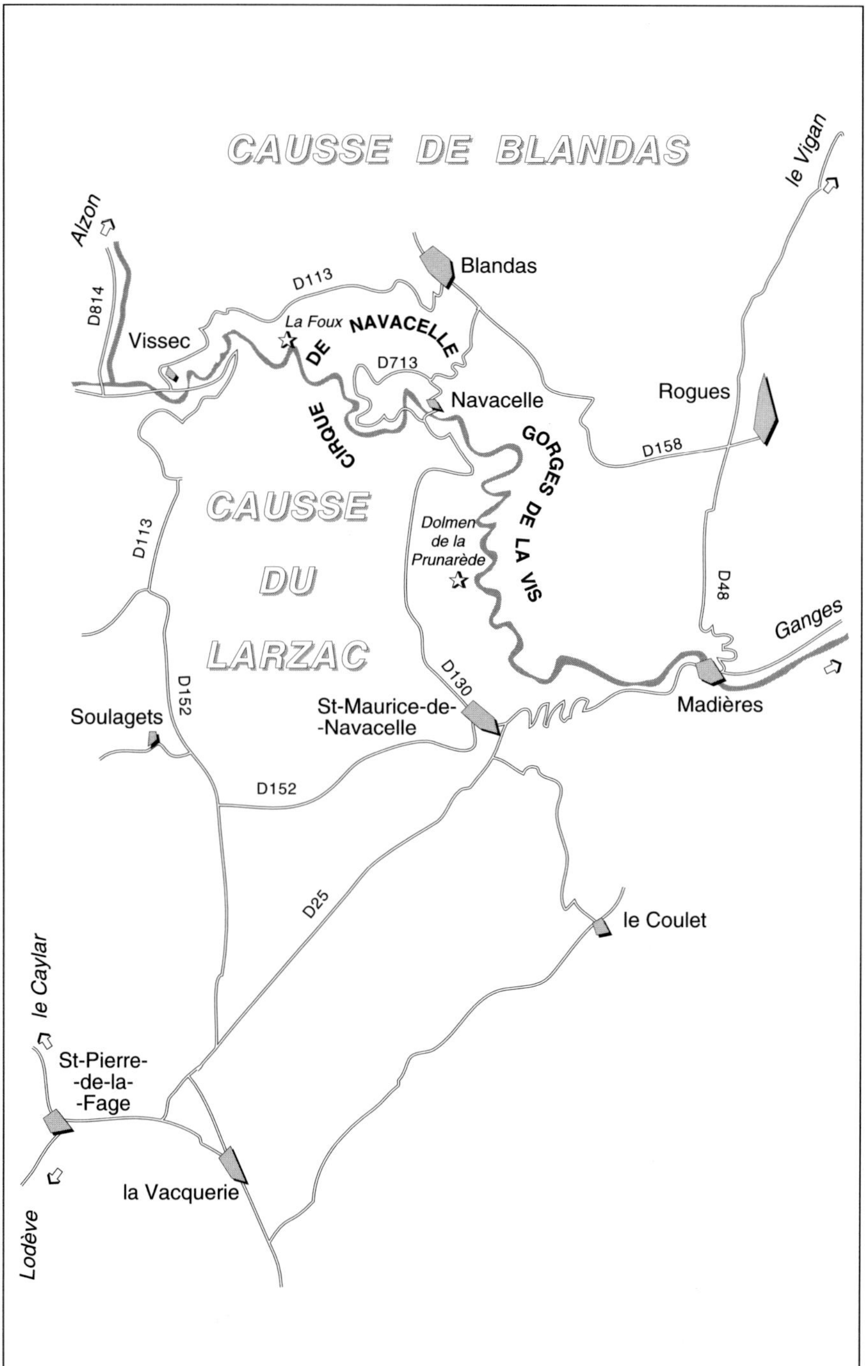
CAUSSE DE BLANDAS
le Vigan
Alzon
Blandas
D113
D814
La Foux
DE NAVACELLE
Vissec
D713
CIRQUE
Navacelle
Rogues
GORGES DE LA VIS
D158
CAUSSE
DU
LARZAC
D113
Dolmen de la Prunarède
D48
Ganges
D130
Madières
D152
Soulagets
St-Maurice-de-Navacelle
D152
D25
le Coulet
le Caylar
St-Pierre-de-la-Fage
la Vacquerie
Lodève

# I
# Le cadre

Les gorges profondes de la Vis offrent, en aval du confluent avec la Virenque, plusieurs cirques grandioses dont Navacelle est le plus réputé. Depuis qu'elle a vaincu la roche et préparé son lit au gré de ses désirs, la Vis, princesse de ces lieux, y poursuit sa vive course sinueuse. Gorges d'une beauté sauvage, aux falaises altières, aux replis des plus âpres où règne une grande majesté : antithèse de grisaille extraordinairement sévère et de ciel d'un bleu pur formant une fresque de grand style.

Ces gorges séparent le grand causse du Larzac du causse de Blandas, d'altitude et d'aspect quasi semblables. De part et d'autre, deux points de vue célèbres où les automobilistes peuvent facilement accéder, l'un situé dans l'Hérault, l'autre dans le Gard, la rivière servant de limite aux deux départements. Le spectacle est aussi beau de la ferme de la Baume-Auriol que du chemin de Blandas. On se trouve en plein causse, l'horizon semble toujours s'étendre à l'infini, rien, absolument rien ne décèle la présence du cirque : et c'est là l'étrangeté de cette visite.

De la Baume-Auriol, l'immense abîme offre sa solennelle grandeur. Occupant le centre, un promontoire s'étale « lou puech* du Cayla » ayant résisté à la puissante érosion des temps archaïques, mais encore tout imprégné de ses traces. Les aspérités qui l'englobent graduellement lui donnent l'aspect d'une gigantesque coquille d'huître. Là-bas, au pied du chemin muletier descendant en lacets, un gracieux hameau : Navacelle. Maisons essaimées de part et d'autre de la rivière où familles héraultaises et gardoises, pour se rejoindre, traversent un petit pont en dos d'âne tapissé de verdure.

* N. B. : Les astérisques renvoient au glossaire.

À droite, adossé à la colline, un petit cimetière au mur circulaire où subsiste, précieux, dans une ruine à demi arquée, l'élément fondamental du petit village. Plus à gauche, émergeant à peine, un modeste clocher. Toits de tuiles patinées abritant depuis des siècles des cultivateurs, des chevriers et des pêcheurs agiles, paysannerie originale à l'image de son sol. Autour du socle central où veille une madone, une couronne de prairies parsemées d'arbres fruitiers. En face, quelques pins épars, la vieille côte se hissant imprudemment jusqu'aux hautes terres du causse voisin ; des pentes rocailleuses, mouchetées de buis dont les racines se faufilent péniblement dans les fissures des rochers. À gauche, à flanc de coteaux, quelques vignes, des olivettes, image de l'effort presque surhumain de ceux qui les plantèrent. Ouvrage du cultivateur patient et robuste qui créa des vergers sur d'arides éboulis… Par ces teintes nouvelles, l'homme se doutait-il qu'il ajoutait à l'œuvre naturelle les plus fines enluminures ?

Panorama magnifique composé de trois niveaux absolument différents : les gorges, le causse, les montagnes. Quel touriste, même de retour de contrées lointaines et belles, n'en subirait l'indéniable fascination ? À l'est, la Séranne, confins du Larzac et des Garrigues languedociennes barre l'horizon de sa croupe chauve et dresse avec fierté son « Roc blanc » au-dessus de l'immense faille. La silhouette dentelée du pic d'Anjeau se profile, hautaine, dans le ciel mouvant. En brillante magicienne, la chaîne cévenole dessine dans l'air pâle ses hautes modulations : c'est au nord, dans le lointain, une échappée à peine perceptible sur le mont Lozère, c'est, plus près de nous, le col du Minier qui conduit à l'Aigoual, puis le col de l'Homme-Mort, le Saint-Guiral qui s'élève au-dessus des monts comme pour mieux permettre au saint de la légende, qui y vint prier et mourir, de protéger les pâtres, ses amis. La splendide arcature, composée ainsi par le hasard, va s'achever ni trop tôt ni trop tard par delà les collines broussailleuses. Et le cercle se referme par les puechs et les serres* du Larzac ponctués hâtivement de chênes, d'érables et de buis.

Les effets azurés dont s'enorgueillissent les crêtes sont soulignés par la dorure patinée du causse.

Vu du « cap de côte » de Blandas, l'impression est moins saisissante peut-être, mais le coup d'œil est plus vaste. Arrivé au premier tournant du chemin, le visiteur voit le village s'étirer à ses pieds, maisonnettes si petites qu'elles semblent attendre les personnages d'un conte enfantin... Alliance imprévue, étonnante, un arrière-plan de falaises vertigineuses, œuvres titanesques. Une couronne de strates d'une pureté magique offre la scintillation des vieux âges. Dans leur majeure partie, les gorges apparaissent ; les cirques géants se succèdent, toujours tourmentés. Dans son inoubliable austérité, la rivière continue sa marche torrentueuse. À sa complainte, se mêlent parfois les cris rauques d'un oiseau de proie qui passe... Avant de regagner son aire, son vol se fait plus lent, plus grave, car l'aigle, ici, et le nouveau vautour, achèvent de parfaire la magnificence du lieu. Sous un ciel déjà méditerranéen, le témoin ému vibre à cette véritable image d'Apocalypse.

Sous ses divers aspects, le cirque de Navacelle, image toujours prenante dans la ronde des saisons...

Quand le talus fera fleurir l'amélanchier d'avril et que de larges touffes blanches décoreront l'enceinte...

Quand, dans la vive luminosité de l'été, l'arène fera songer à une mosaïque antique nouvellement mise au jour...

Quand les arbustes récemment dorés par l'automne s'allieront avec autant de perfection que la feuille et le fruit d'un jeune térébinthe...

Quand la nuit la plus froide de janvier sera tombée sur lui... quand du petit village solitaire la neige aura couvert les toits et la cendre les feux, la bise glacée passera figeant tout sur son passage. Au matin, de l'immense scène que sera devenue la colline centrale, on n'attendra pas le spectacle. Il sera dans la vision de l'amphithéâtre surpassant en style et grandeur les murs romains vénérables. Seule, la rudesse du vent n'en pourra profaner la beauté abyssale... éternelle.

De l'aurore au crépuscule, ce site unique, passant par l'éclat ou l'ombre, ne perd rien de sa prééminence pittoresque.

Qui n'a vu les premiers rayonnements du jour y pénétrer, éclairer ces masses informes, la lumière détruire la factice continuité des versants et des serres... qui n'a vu les reliefs vivifiés reprendre leur robustesse ne peut se dire confident du paysage !

Heures du milieu du jour où chaque face étale sa fière pauvreté, heures où chantent l'humble pierraille et le puissant roc ! Immensité où seul le tintement des clochettes de chevreaux agrippés sur la pente ose rompre le silence !

Navacelle, le village.

Heures plus tardives où l'azur vire au mauve, où le soleil s'empourpre et donne à tout son ciel une beauté extrême ! Vous devinez ce que peut être un coucher de soleil à cet endroit : de ce coin de France méconnu, c'est le plus beau tableau. C'est une harmonie indicible de couleurs où le rouge et le jaune dominent, mais où chacune s'offre et dans sa primauté et dans sa gamme de nuances secondaires. Moment délicieux où chaque teinte, dans sa prescience, tend à s'irradier : l'heure d'or de notre causse, la récompense du terrien. Le soleil à demi disparu derrière la ligne sombre de la montagne, il n'est pas la moindre plaquette calcaire qui ne le reflète encore. Les hautes roches flamboient, la rivière couleur de cuivre semble immobilisée, tout le terroir respire avec amour cet air ocré et doux épandu abondamment sur lui.

Cette extase où un après-midi finissant nous contraint est la puissance de séduction de couleurs subtilement distribuées. Mais c'est aussi toute la force suggestive d'un art renouvelé, lorsque, dans une atmosphère moins sereine, l'éclat du coloris ne parvient pas à son plein déploiement. De légers nuages, voilant tour à tour le soleil, donnent aux gorges des reflets extraordinaires. Effets de lumière si changeants, si insaisissables qu'ils dérouteraient sans

Le cirque de Navacelle vu du côté Gard.

cesse le peintre de grand renom. C'est la grisaille d'un escarpement soudainement transmuée en bleu marine farouche..., un relief puissamment heurté, un relief exceptionnel qu'on ne peut reproduire.

Splendeur et paix du soir, quand l'ombre glisse lentement dans la gorge et revêt chaque tonalité d'une estompe bleuâtre. Les saillies rocheuses perdent peu à peu leur vigueur, les « valats »* vaincus par l'arrivée de la nuit cachent leurs formes dénudées, le grand abîme creuse sa profondeur, l'amplifie, devient insondable...

Et c'est alors le tableau le plus étrange : Navacelle au clair de lune. Un ciel si lumineux que dans l'infinie variété de ses étoiles des scintillements nouveaux paraissent ajoutés... C'est une distribution de masses informes, mi-perceptibles. Dans les maisonnettes obscurcies, les gens ont arrêté pour quelques heures leur existence laborieuse et simple. Le silence serait immuable si on n'entendait la plainte d'une eau invisible. Le grand cirque est pénétré de mystère... On ne sait s'il faut admirer davantage l'harmonieuse grandeur de ses proportions ou le privilège de sa noblesse qu'avait préannoncé le jour.

# II
# L'aspect physique

Cette œuvre d'art, de très grand art, a été ciselée il y a des millions d'années. Type de relief particulier, inhérent aux causses, les gorges sont leurs plus beaux ornements. « L'âge du début du creusement des gorges n'est pas connu avec précision, dit Jean-Claude Bousquet[1] récemment interrogé, et les avis diffèrent encore, le plaçant à plus d'une dizaine de millions d'années ou bien à quelques millions d'années. Quoi qu'il en soit, les catastrophes imaginées pour réaliser cette profonde entaille ne peuvent être retenues : trois millions d'années suffisent pour creuser une dénivelée de trois cents mètres, au rythme d'un dixième de millimètre par an ! »

La paléogéographie nous enseigne les principales étapes de l'édification de ce somptueux ouvrage.

Le Massif central portant la trace de toutes les périodes de l'histoire géologique du sol français doit aux formations de l'ère secondaire les hauts plateaux appelés « causses » qui s'y étendent au sud. « On sait maintenant que la plus grande partie des roches calcaires et dolomitiques des Causses se sont formées sous une très faible tranche d'eau, poursuit Jean-Claude Bousquet, la mer se retirant même parfois comme l'indiquent les lignites de Lanuéjols sur le causse Noir. Au cours de la période jurassique, du Quercy aux Causses, s'étendait le "haut-fond occitan", placé entre deux domaines plus profonds, à l'ouest celui de l'Atlantique et à l'est celui de l'océan alpin, disparu lors de la formation des Alpes. »

Cette phase de sédimentation fut suivie d'une phase d'émersion et de dissection aux temps tertiaires. « Après les plissements pyré-

---

1. Docteur ès sciences, auteur de *Géologie du Languedoc-Roussilon* (Les Presses du Languedoc 1997).

Vue aérienne de Navacelle.

néens, ajout notre interlocuteur, les Causses ne sont encore qu'une région de peu de relief, dominée par la chaîne qui s'étendait beaucoup plus au sud, des Pyrénées à la Provence. À peine dressée, ces montagnes vont s'effondrer au niveau de ce qui deviendra le golfe du Lion, tandis qu'à l'inverse, la région des Causses commencera à s'élever. » Des failles et de fines lézardes la divisèrent. Un lent et puissant travail d'érosion déclenché par les fortes poussées tectoniques approfondit les cassures. La masse caussenarde asséchée se trouva ainsi divisée en plusieurs compartiments bien individualisés qui sont aujourd'hui les causses majeurs et les causses secondaires. Les étroits couloirs à versants très abrupts qui les séparent sont appelés « canyons » par analogie avec les profondes vallées américaines de ce genre. Dans le terroir, les gorges sont couramment dites « rivières ». On s'est plu à dire : « La Vis est le plus américain de tous les canyons des Causses. » De lointains voyageurs ont mis en parallèle les canyons de la Vis et les grands canyons du Colorado. On a souvent vanté ces entailles profondes où coule le grand fleuve comme les plus belles du monde ; les gorges de la Vis encore méconnues ne jouissent pas d'une réputation telle, mais il est des êtres sensibles qui ont su voir en elles une égale beauté. Moins colossales sans doute, mais d'un pittoresque aussi surprenant, elles firent dire à une Américaine expatriée native de l'Arizona : « Je me rends en pèlerinage aux lieux de ma jeunesse : les gorges de la Vis… le Colorado de France. »

## Formation du canyon

Les forces internes de la planète alliées à ses forces externes, nous disent les géologues, sont à l'origine des gorges. Les fissures du sol permirent aux eaux torrentielles de s'engager plus facilement, de les agrandir ou de les réunir. L'action érosive des eaux courantes au cours des siècles, dur combat de la terre et de l'eau, détermina le tracé de ces thalwegs ou chemins de vallée. S'ajoutant à son pouvoir érosif, la puissance dissolvante de l'eau agit considérablement. Prodigieux travail de l'érosion subaérienne et souterraine, car « ce ne sont pas surtout les hautes eaux extérieures qui érodent, la vérité, nous dit Martel le grand révélateur de gouffres, c'est que, en prison et en pression dans les cavernes et les abîmes, elles travaillent encore plus formidablement qu'au dehors ». L'érosion souterraine paraît parfois avoir agi plus rapidement que l'érosion extérieure. Il arrive souvent qu'une portion du profil en long de la rivière s'inscrive encore intérieurement. Au fond des gorges, les murailles usées, entre lesquelles est encaissé le cours d'eau mis au jour, forment un encorbellement sculpté en voûte à leur base et laissent deviner un cours primitivement souterrain de la rivière. L'eau minant en profondeur, désagrégeant la roche, aurait permis la mise au jour partielle du cours d'eau par écroulement de plafond de couloir souterrain. « Dans les régions calcaires, confirme en partie Jean-Claude Bousquet, le creusement des gorges par écroulement de galeries souterraines a été souvent retenu. Mais cela semble se produire rarement et, en Languedoc, l'exemple de la Cesse montre par contre l'indépendance entre le cours souterrain (les "tunnels" de Minerve) et le cours aérien (à méandres) qui le recoupe. » Le thalweg présente des élargissements ou des étroits dus soit à la friabilité soit à la résistance des terrains rencontrés par les puissants courants de jadis. Un tel travail fut effectué sous plusieurs climats bien différents du nôtre. « L'érosion a commencé sous des climats chauds de l'ère tertiaire, précise notre interlocuteur, et elle s'est poursuivi pendant l'ère quaternaire caractérisée par une constante alternance de périodes glaciaires et de périodes plus tempérées. Pendant les périodes froides, les versants des gorges ont été couverts de tabliers d'éboulis dus à l'éclatement des calcaires par l'eau gelant dans les fissures de la roche. Cette "gélifraction" est l'un des phénomènes d'érosion qui a permis l'évasement des gorges vers le haut, la rivière n'étant pas seule à œuvrer. Les coulées de pierrailles grises, qui parsèment les pentes au-dessus du méandre abandonné, démontrent l'efficacité actuelle de ce type d'érosion. » L'éminent géographe Paul Marres écrit dans Les Grands Causses, au sujet du relief du sol qui nous occupe : « La puissance de l'érosion qui a découpé dans la masse caussenarde ces canyons impressionnants s'explique probablement par une humidité atmosphérique liée à un climat très différent du climat actuel. Sans doute la vigueur des courants fluviaux ne dépendait pas seulement du volume d'eau et de la charge en matériaux durs qu'ils pouvaient déplacer, mais aussi de la puissance d'appel d'un niveau de base soudainement abaissé, à la suite d'oscillations de grande envergure. »

Dans le lit archaïque de la rivière, les vignes des « Cérizières ».

Comme toutes gorges taillées en terrain calcaire, celles de la Vis présentent leurs caractères typiques.
Les canyons de la Vis et de la Virenque séparent le causse majeur du Larzac des causses satellites de Campestre et de Blandas. Placé à la base des gorges d'une profondeur de plus de trois cents mètres, le visiteur se rend compte que le causse est bien un haut plateau. C'est là qu'il perçoit son imposante massivité, massivité laissant paraître sa stratification première, rompue par une importante faille orientée ouest-est, à laquelle s'ajoutent de très nombreuses failles plus ou moins limitées en extension.

Nous nous trouvons en présence de roches sédimentaires qui, par leur origine même, sont stratifiées et fossilifères. Plusieurs groupes de fossiles sont ici les témoins du phénomène de sédimentation qui se produisit à l'ère secondaire. Dans la coupe de terrain effectuée pour la construction de la route descendant à Navacelle, il n'est pas rare de rencontrer des roches remplies de mollusques bivalves. La faune secondaire est représentée en certains points des gorges par les bélemnites, invertébrés bien caractéristiques de cette époque géologique. Situé sur la rive droite en amont de Navacelle « lo ballat Bergougnous », non loin de la limite des communes de Saint-Maurice et de Vissec, est riche en ammonites. En aval de la cascade, à Navacelle, la rive gauche en présente un véritable banc où se mêlent quelques bélemnites. Ces fossiles ont certes un grand intérêt pour le géologue par leur variété mais ont surtout, par leur forme des plus décoratives, beaucoup d'attrait pour le promeneur.

La collaboration de l'exhaussement du sol et des puissantes érosions subsiste dans les méandres encaissés de la Vis et dans ses terrasses fluviatiles. C'est le type parfait de rivière à méandres « vigoureux ». Comment expliquer leur formation ? Dans les Causses majeurs, Martel nous livre l'hypothèse suivante : « Les érosions, actions destructives des eaux torrentielles, ruisselantes, pluviales, ont trouvé dans ces cassures de toutes espèces des lignes de moindre résistance, le long desquelles elles ont cheminé en les agrandissant, puis en les réunissant, de proche en proche ; les points de rencontre, de suture, de croisements, obliques ou perpendiculaires entre eux, ont déterminé les tracés généralement en zigzag, des thalwegs ou coulières, à leur début parmi les fentes. »

« Les méandres sont dessinés entre le confluent de la Virenque et Madières, précise Paul Marres ; en aval de ce point la Vis tend à prendre un tracé rectiligne. Le professeur Taillefer, de Toulouse, montre que les méandres résultent d'un équilibre entre la puissance d'érosion de la rivière et la résistance de son cadre. Si le cadre est fait de roches vulnérables, les forces d'érosion dégénèrent ou se dispersent comme un coup de poing dans un oreiller. Si le cadre est trop dur, la rivière emploie toute son énergie à scier verticalement. Il en est de même si la pente initiale est trop forte. Il est probable qu'en aval de Madières la nécessité de se raccorder au niveau de base mouvant de l'Hérault a obligé la Vis à creuser verticalement son lit. »

Les vestiges des grands cycles d'érosion sont représentés par les gradins bien apparents qui scandent nettement la chute du versant droit à Navacelle et à Madières. En amont de Navacelle, le flanc gauche présente, aux Cérizières notamment, un tronçon de méandre, ancien lit de la rivière.

Madières et la Vis.

Tels les canyons renommés du Tarn, les canyons de la Vis offrent des dimensions singulières surprenant par leur étroitesse et leur hauteur excessive. Aux passages les plus rétrécis, les rives montrent dans les falaises en surplomb au bord du versant d'énormes excavations creusées par les hautes eaux. Un terrain à dénivellation accentuée, ses nombreux « ratchs », les rocs qui l'encombrent rendent la rivière impraticable sur presque tout son parcours. Entre Madières et son confluent avec l'Hérault, de rares « planiols » permettent une promenade aux amateurs de kayak. Son cours est devenu plus sage, la sinuosité n'existe plus. Le cours supérieur de la rivière est beaucoup plus intéressant que son cour inférieur : si les gorges s'offrent aux géographes comme étude de l'érosion fluviatile, leur structure tourmentée est saisissante pour le profane. Leur étrange pittoresque est dans ces méandres multiples dont chaque développement constitue un cirque particulier. Des arcs de concavité harmonieusement dessinés se succèdent en grand nombre de la Foux à Madières.

## FORMATION DU CIRQUE DE NAVACELLE

Un méandre abandonné, caprice de la Vis torrentueuse, a créé le site grandiose du cirque de Navacelle. Jadis, la rivière s'attardait à contourner la verte coquille d'huître. La grande boucle asséchée, étalant aujourd'hui ses carrés de prés et de jardins, a été sciée à sa racine par le cours d'eau. La concavité du méandre, d'un kilomètre environ de développement, constitua le cirque. La colline centrale fut primitivement la prolongation de la convexité sur laquelle s'inscrit le chemin en lacets conduisant au causse de Blandas.

Jean-Claude Bousquet précise, selon les acquis récents : « Le recoupement du méandre ne s'est pas fait suivant le procédé classique de sapements opposés des rives concaves à la base du pédoncule. Des travertins calcaires à débris végétaux, ou tufs, remplissent le méandre et se suivent le long de la Vis jusqu'à Madières. Ils ont exhaussé son niveau, lui permettant alors un tracé plus direct. Quand la rivière a repris son creusement, elle a gardé cet emplacement et a recoupé les travertins. L'abandon du méandre est donc contemporain de la formation des travertins. » La différence de niveau obtenue obligea la rivière à faire une chute de douze mètres. Ce fut la naissance de la plus magnifique des cascades, que, d'une façon si suggestive, les riverains dé-nomment le « boundou ».

Parfois, à la suite de fortes pluies, l'inondation du méandre évoque une reconstitution géographique : les eaux s'é-coulent au long des pentes, inondent les prairies et submergent pendant quelques jours la boucle délaissée. C'est pourquoi, cette ceinture de terres porte le nom de « negadis ».

## Provenance et profil de la Vis

Si la Vis suscite l'étonnement admiratif du promeneur par son aspect original, le géographe, lui, se complaît à pénétrer son étrange complexité.

Des ruisseaux issus du massif du Saint-Guiral se perdent dans les fissures calcaires de la masse caussenarde, près de Sauclières et d'Alzon. Particularité étonnante de ces lieux, à partir de ces pertes jusqu'à la résurgence de la Foux, on se trouve en présence de lits de rivière absolument secs. Tandis que le thalweg asséché de la Virenque sépare le causse du Larzac du causse de Campestre, celui de la Vis sépare les causses de Blandas et de Campestre.

Thalweg sec en amont de la Foux.

La cascade.

Ils confluent un peu avant le village de Vissec dont les trois agglomérations s'alignent parallèlement entre les méandres pierreux. Pendant cinq kilomètres encore, la rivière est caillouteuse, sèche, énigmatique. Soudain, voilà la foux*, énorme masse d'eau sortant du flanc droit avec une force des plus vives. C'est la renaissance de la Vis.

Cette curieuse rivière ne l'est-elle pas tout d'abord par sa provenance ? Des chercheurs ont longtemps émis des hypothèses sur ce point.

Navacelle, La Foux.

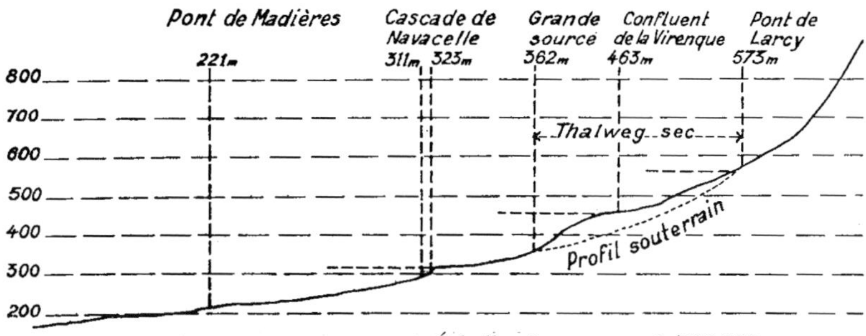


Échelle : Longueur = 1/190 000e.
Hauteur = 1/7 500e.

Profil en long de la Vis (Paul MARRES, *Les Grands Causses)*

Au début du siècle, le spéléologue Mazauric, n'ayant pu la remonter intérieurement entre les rochers que sur une infime distance, présuma que l'eau venait du nord.

Le professeur Marres, énonçait, lui aussi, dans Les Grands Causses, en 1935 : « Le profil en long de la rivière dessine une courbe convexe au lieu d'une courbe concave entre le point où la rivière pénètre dans les calcaires des Causses au moulin de Larcy et le point où la résurgence ramène à 362 mètres l'eau et la vie dans ces gorges silencieuses. Nul doute que le véritable profil s'inscrive souterrainement en dessinant une concavité régulière reliant le point où la rivière se perd à la grande source de la Foux. Nous saisissons ici la façon dont le profil en long peut s'élaborer souterrainement dans le calcaire. »

En 1947, une expérience fut entreprise par le CNRS afin d'essayer de résoudre cette énigme. Le spéléologue R. de Joly fut chargé de procéder à une coloration massive de la perte d'Alzon au moyen du plus fort colorant connu, la fluorescéine (inoffensive et pouvant teinter une masse d'eau quarante millions de fois supérieure à la sienne).

Les maires des communes environnantes furent prévenus afin de faire surveiller les émergences et tâcher de détecter l'apparition de la couleur verte. La tentative fut faite le 23 juillet ; le 21 août, la

Foux vomissait la teinte attendue. Cette expérience justifiait les thèses rapportées ci-dessus, en montrant à quel point le cours d'eau sous terre restait compliqué : vingt-neuf jours pour parcourir environ treize kilomètres ! Que de galeries, de couloirs ramifiés, de gouffres ! Que de siphons, de torrents tumultueux intérieurs ! La définition du causse, « véritable château d'eau », s'appliquait une fois de plus au bassin alimentaire de la Foux.

## Exsurgences

Le sol des plateaux constitués de calcaire jurassique est sec du fait que les pluies disparaissent aussitôt à travers ses innombrables fissures. Dans la masse caussenarde, de simples filets d'eau s'amplifient à l'encontre d'autres ruisseaux qui, après mille chemins, forment nappes ou véritables torrents. Atteignant une couche de terrain imperméable, l'eau d'infiltration jaillit en de nombreux points.

À côté de la Foux, puissante résurgence, qui ne débite jamais moins d'un mètre cube par seconde, citons parmi les exsurgences les plus importantes : la Folatiera, sur la rive gauche à quatre kilomètres en aval de Navacelle ; elle fournit un certain apport à la Vis, surtout après de forte pluies sur le causse de Rogues. Son entrée, formant porche, est surmontée de falaises compactes.

L'accès en est facile en période de sécheresse ; une simple incursion de quelques mètres au bord du ruisseau intérieur, après une faible descente sur éboulis offre l'agréable surprise de son plafond strié de « traînées d'or ».

La Folatiera est impressionnante du fait de ses superbes marmites de géant.

Gourneiras et Gourneirou, aux noms significatifs (la « naissance du grand gouffre », la « naissance du petit gouffre »), se trouvent sur la rive droite en aval du mas del Pont. Leur pénétration s'avère difficile et dangereuse ; plusieurs tentatives ont été effectuées au cours de ces dernières années par les spéléo-clubs régionaux.

Les avens qui s'ouvrent autour de Saint-Maurice paraissent être responsables de ces deux exsurgences dites larzaciennes.

## CRUES ET ASSÈCHEMENTS

La nature fantasque de la Vis transparaît surtout dans ses crues prodigieuses et dans son assèchement.

Ses crues sont rares mais effrayantes pour l'habitant des gorges. Alors qu'une rivière normale permet à ceux qui vivent sur ses rives de la voir sensiblement s'accroître, celle-ci se singularise par sa venue imprévue et soudaine. Beaucoup plus terrible, en ces moments-là, en amont de sa « foux », elle semble y accentuer son caprice comme pour mieux narguer le riverain du « Vissec ». Après de gros orages, les thalwegs ordinairement secs sont parcourus par d'énormes torrents. Des glissements de terrain se produisent, l'eau rapide et grondante emporte fagots et troncs d'arbres, cause de graves dégâts dans les récoltes précaires de ses bords. Aussi les villageois sont-ils désagréablement surpris lorsqu'ils voient leur rivière morte reprendre vie et ce n'est qu'avec crainte qu'ils emploient l'expression « le Vissec est venu ». Un dicton populaire veut que la rivière revienne neuf fois consécutives si sa première crue a lieu avant Toussaint. L'automne et l'hiver 1953-1954, avec leurs pluies répétées, furent particulièrement favorables à ces visites inopportunes. Les plus vieux disent n'avoir jamais vu de passages aussi désastreux : des jardins et des vignes furent anéantis, presque tous les peupliers arrachés et emportés. Et le petit chemin qui coupe le méandre blanc ne fut-il pas chaque fois démoli, et chaque fois opiniâtrement reconstruit ! Dans le lit concave du torrent depuis peu asséché, on pouvait voir, au printemps, la rude trace : réminiscence de son activité première qu'il lui avait plu de se redonner.

En 1870, une inondation causa grand effroi à la famille du meunier de la Foux. C'était par une nuit d'automne particulièrement orageux. Durant plusieurs jours, la pluie n'ayant cessé de tomber avait désagrégé les roches et arraché la terre de la montagne. Cinq cents mètres en aval du moulin solitaire, des monceaux de pierrailles qui avaient dévalé des parois empêchaient presque complètement la marche de la rivière. De la Foux, le torrent démesurément grossi sortait avec une force tumultueuse. L'eau montante, arrêtée par l'obstruction, s'élevait sans cesse… et commençait à envahir le moulin. L'inquiétude des braves gens grandissait… Ils n'eurent d'autre ressource que de se hisser sur le toit de leur rustique demeure. Le fracas de l'orage, amplifié fortement par le rétrécisse-

Janvier 1996.
Paysage exceptionnel vu du côté Gard : les fortes pluies ont envahi une grande partie du méandre abandonné.

Gorges étroites en aval de la Foux.

ment des gorges augmentait leur angoisse. Le père, la mère, leurs quatre enfants blottis contre eux par l'épouvante, passèrent ainsi toute la nuit... Sous le tonnerre ininterrompu que l'écho puissamment roulait de strate en strate, elle leur parut sans fin... À l'aube, la pression accentuée du cours d'eau finit par vaincre l'obstacle. Ils bénirent ardemment le matin qui leur apportait la délivrance.

Est-il surprise plus angoissante que celle provoquée par l'assèchement de la Vis ? Bien que ce fait se produise très rarement, on conserve dans le pays le souvenir des arrêts momentanés de sa source. En 1890, la rivière resta sèche pendant vingt-quatre heures. Le meunier profitant du tarissement de sa foux, essaya d'y pénétrer mais ne put franchir les gours et les rocs énormes au-delà de vingt mètres.

Le même phénomène se reproduisit en 1922, pendant deux heures. On raconte à Navacelle qu'un pêcheur, se trouvant seul à proximité de la résurgence lorsqu'elle s'arrêta, revint rapidement au village saisi d'une frayeur intense. D'autres arrêts ont encore été observés : en 1927, la Foux a cessé de couler pendant huit heu-res et en 1961 pendant six heures. L'assèchement le plus important paraît s'être produit au XVIIIe siècle. Sur les anciens registres paroissiaux de Navacelle, on peut lire au-dessus d'un acte de baptême signé « Saint-Léger, curé » : « L'an mil sept cent soixante et dix-neuf et le neuvième jour du mois d'avril, la rivière de Navacelle tarit totalement au grand étonnement de tout le monde ; elle resta huit jours dans cet état, le huitième jour sur le soir on s'aperçut à la foux qu'elle commençait à venir ; le lendemain au point du jour elle fut à peu près dans son état ordinaire, assez claire, grossissant néanmoins d'une manière sensible, sur les neuf heures, elle grossit tout à coup et devint fort trouble de couleur rouge. On sait qu'elle avait tari autrefois pendant quelques heures. »

Au sujet de ce phénomène qui s'est manifesté à diverses résurgences, notamment en Suisse et en Italie, les experts admettent la thèse suivante : des éboulements encombrent les torrents souterrains ; lorsque la pression de l'eau accumulée devient assez forte, elle entraîne ces matériaux qui, probablement argileux déterminent la couleur anormalement rouge du cours d'eau.

Nul doute que la durée des tarissements de la Vis soit due également à des éboulements intérieurs de plus ou moins grande importance.

## Les tufs

Notons cette autre particularité de la rivière : la présence de tufs en certains points, roches calcaires, légères et poreuses, formées à l'air libre d'un précipité de carbonate aux dépens du bicarbonate en dissolution dans l'eau. Ces tufs ont fait l'objet de toute l'attention de pédologues tels qu'Agafonoff et Marcellin.

Les eaux infiltrées recueillies par la Vis, incrustantes du fait de leur passage à travers des terrains essentiellement calcaires, abandonnent ces sédiments au cours des siècles. On en rencontre des dépôts importants entre Navacelle et Madières. Au mas de Massely, à un kilomètre en aval de Navacelle, des formations anciennes de tuf formaient un barrage naturel qui se rompit il y a environ cent soixante ans. On en trouve en grande quantité, en amont de Madiè-res à proximité de l'ancienne magnanerie, à l'exsurgence de Gourneiras, au pied de la cascade de Navacelle. Quelques petites sources pérennes sur les versants des gorges en forment encore actuellement.

L'homme se servit souvent du tuf pour ses constructions ; sa solidité alliée à sa légèreté le fit rechercher par les maçons des environs. La plupart des voûtes de Navacelle sont exclusivement construites en tuf et nous en trouvons même dans les vestiges des constructions médiévales.

## La force motrice

Au début du XXe siècle, des études furent entreprises pour transformer les eaux de la Vis en source d'énergie. L'usine hydroélectrique de Madières fut créée en 1906. Paul Marres donne les précisions suivantes : « On a utilisé le profil tendu de la Vis qui descend de 125 mètres entre la prise d'eau (325 m) et l'usine (200 m). Les eaux de la résurgence de la Vis sont acheminées par un canal qui court aux flancs de la vallée pendant 10 kilomètres. Des conduites forcées déversent alors sur les turbines au fond du thalweg d'une hauteur de 105 mètres un débit qui varie de 4 300 litres à 1 700 litres suivant la saison (1 500 l en 1923-1924). »

## Le masque d'or

Cette rivière eut dans le passé un attrait irrésistible. Si l'on en croit ce qui est rapporté, la Vis roulait des paillettes d'or. On dit que les chercheurs du précieux métal tendaient des toisons de brebis à l'endroit même où la rivière va terminer son cours. Les paillettes accrochées à la laine étaient avidement retirées. Leur existence est attestée par des recherches effectuées voici un demi-siècle environ, en particulier dans le cours de la Virenque et les « valats » de la partie amont de la Vis. Le pourcentage très faible s'oppose à l'exploitation.

Navacelle, maisons de Rochebelle.

## III

# L'héritage historique

Depuis les temps archaïques jusqu'à l'histoire proprement dite, essayer de présenter chronologiquement les tribus qui vécurent dans le val de Navacelle ou à ses proches abords serait pure chimère. À peine parviendrons-nous à en esquisser un tableau incomplet et des plus fragmentaires.

Dès l'Antiquité la plus reculée, l'homme semble avoir choisi sa demeure dans les gorges de la Vis. De part et d'autre, des grottes ou baumes* s'ouvrent dans les falaises. L'œil prévenu peut déceler ces ouvertures voûtées à encorbellement, si toutefois une végétation trop dense ne les recouvre. Les abris sous roche, généralement exposés au midi, et les cavernes furent les premiers habitats de la contrée.

Pour atteindre ce lointain passé, l'imagination errante du visiteur tend à précéder son regard. Dans une estampe nébuleuse, il peut percevoir l'ombre des premiers hommes glisser au long des parois vertigineuses... Premières luttes pour la vie... Formes vêtues de peaux de bêtes en quête de subsistance... Nourriture primordiale faite de produits de chasse et de pêche, de fruits sauvages... Embryon de la civilisation qui va évoluer lentement et sûrement au long des millénaires... Façonnement de l'outil de pierre se précisant, se perfectionnant peu à peu joint à l'art de la poterie... Tel est l'héritage sacré que ces cavernes nous confient.

Ces premières demeures, situées en général au sommet de pentes abruptes sont la plupart difficiles d'accès et laissent présumer à l'homme moderne l'extrême agilité de son premier aïeul. Ici, c'est le roc qu'il rencontra partout, il dut le vaincre. Malgré sa dextérité à parcourir ces lieux escarpés, pour s'aider dans ses descentes et ascensions dangereuses, il eut besoin de solides points d'appui. Il les tailla dans la roche même, l'escalier primitif fut ébauché.

Ouverture de la caverne des « Ongles » située entre Saint-Maurice et le cirque de Navacelle.

Dans la partie haute des gorges, plusieurs tronçons de chemins taillés par l'homme préhistorique subsistent encore. Ce n'est pas sans émotion que l'on emprunte ces marches rudimentaires : de leur aspect fruste émane tout le souffle de ceux qui les façonnèrent. Entre Saint-Maurice et la Baume-Auriol, le lieu appelé dans le langage local « lo balat de las trapas » (le ravin des trappes) évoque non seulement par sa dénomination le passage de l'homme, mais présente aussi un groupe d'abris sous roches. L'un d'eux, percé, permet aujourd'hui au chasseur intrépide connaissant bien l'endroit de se hisser jusqu'au plateau. Situés sous la bordure caussenarde, ils présentent çà et là des marches taillées les reliant entre eux. À l'ouest de la Baume-Auriol, au « Cingle de Cavalade* » existe un de ces sentiers préhistoriques, ainsi que plusieurs abris sous roche.

Le « pas de l'escalle* » au nom significatif et « lo pas des Ongles » sont aussi des passages très anciens. La visite de la grotte des Ongles procure une impression très vive. Elle possède deux ouvertures dont l'une, inaccessible, s'ouvre dans les rochers abrupts et l'autre, à proximité du plateau, sur une corniche légèrement en contrebas, dissimulée sous des touffes de buis. On peut accéder à cette entrée sans trop de danger ; avant de descendre un couloir sur éboulis, quelques pas dans l'obscurité et quelle surprise de voir, sous le faisceau de la lampe de poche, de chaque côté dans la paroi, deux trous creusés face à face et polis portant le vibrant témoignage de l'intervention humaine. Ne laissent-ils pas pressentir leur utilisation passée ? On y voit nettement l'emplacement d'une porte, porte primitive, faite probablement de bûches forestières, procurant au refuge plus de sécurité. Grotte-habitat ou simplement grotte-refuge à l'époque où l'homme devait se protéger des bêtes sauvages ou d'un éventuel adversaire ! Quelques mètres plus loin, un couloir ascendant, dont l'accès sur le causse paraît obturé par la rocaille, converge avec celui que nous venons de parcourir. Nous voici parvenus à l'ouverture cintrée faisant face au porche altier de la grotte de l'Elze, dans les falaises du causse voisin. Notre situation perpendiculaire aux gorges nous offre un champ de vision splendide sur plusieurs kilomètres. Le défilé est extraordinairement sauvage, certainement le plus beau dans son austérité.

Nous nous trouvons dans une des contrées qui accueillirent et protégèrent l'homme encore incapable de se construire un abri même rudimentaire. Laisser sa pensée pénétrer dans ces premiers temps de l'humanité n'est possible qu'avec une âme de pèlerin. « Les pierres parlent à ceux qui savent les entendre », dit le poète ; dans leur immuabilité première les pierres des cavernes ne font-elles pas vibrer intensément celui qui, avec respect, se rend auprès d'elles ?

Les grandes périodes préhistoriques nous ont laissé leur empreinte sous forme de restes d'industries recueillis de nos jours dans les cavernes et les sépultures. Grandes étapes de l'humanité combien imprégnées d'obscurité quand on se perd dans l'éloignement des temps géologiques !

Abris sous roche.

La première, celle du premier outil de pierre, silex débité par éclats, ne coïncide-t-elle pas avec l'ère quaternaire ? Mazauric découvrit dans la grotte de l'Elze des alluvions quaternaires fort riches en débris de faune, notamment en ossements d'*Ursus speleus*. La caverne qui domine la résurgence de la Foux semble avoir été recherchée par l'homme dès le Paléolithique supérieur.

Au Néolithique, l'outil primitif se perfectionne, l'homme sait donner au silex un poli inimitable. Combien est grande notre admiration à la vue des objets de silex, lames, pointes de flèches ou grattoirs si finement retouchés, des pendeloques de pierre plus rare que nous livrent les dolmens, décelant un goût déjà exquis de la parure ! C'est l'époque des premières cultures, de la domestication des animaux, en un mot des grands progrès de la civilisation. L'homme est parvenu, en ajoutant diverses substances à la pâte argileuse, à inventer la technique de la céramique. C'est l'époque des premiers essais de filage et de tissage qu'évoquent si bien les fusaïoles et les touffes de lin disséminées dans la vallée de la Vis. L'homme néolithique a laissé des traces tangibles dans toutes les cavernes qui s'ouvrent dans les parois des gorges. Mazauric qui en prospecta plusieurs au début de ce siècle, énonce y avoir trouvé des vestiges de cette époque, tels que percuteurs, silex, os travaillés, céramique dans les grottes et abris de la Foux ; de nombreux débris de cuisine, des poteries, des silex dans les abris de la Burle ; des sépultures dans la grotte de la Baume-Auriol. Au-dessus du village de Navacelle, trois niveaux superposés se présentent dans le versant Gard : en haut, surplombant d'environ deux cent quatre-vingt mètres, la baume du Roc-du-Midi ; au centre l'aven du Fournet, plus bas les Truchencas avec habitats supposés néolithiques. La baume du Roc-du-Midi ne peut être atteinte qu'au moyen d'une échelle de corde. Une prospection permet d'y voir des puits verticaux, dont un d'une quinzaine de mètres, indiquant son utilisation comme grotte-citerne. Deux vases de céramique, témoins de l'époque néolithique en ont été exhumés (fouilles du groupe Vallot de Lodève). La baume du Roc-du-Midi est une des plus intéressantes des gorges, elle a donné les preuves de civilisations successives. Outre les restes de l'époque néolithique, tels que des débris humains, de nombreuses sépultures, des silex, des dents de sanglier travaillées en pendeloques, des coquilles, Mazauric y rencontra tous les âges : époque du bronze : superbe hache à bords droits, petits anneaux simples ou

Cromlech de Blandas (Gard), décelé par A. Durand-Tullou.

Menhir de Serre Gleyzo à Blandas.

Menhir La Trivalle à Rogues.

enroulés en hélice, nombreux débris de seaux et coupes à rivets, céramique ; époque gallo-romaine : fragments de verrerie, céramique ; haut Moyen Âge et époque barbare : débris de fer, clef, agrafes, monnaie du XII^e siècle (denier melgorien) ; Renaissance : monnaie du XVI^e siècle. Il présuma que la grotte fut fortifiée à l'époque romane et servit de refuge à toutes les périodes troublées.

Le développement de l'industrie s'accentua grandement avec l'apparition du métal. Sous l'influence des grands courants de culture mondiaux, l'emploi des métaux, cuivre, bronze, fer, s'implanta successivement. Il serait toutefois bien téméraire de vouloir délimiter ces différents stades. À l'image de ceux qui les ont précédés depuis l'amorce de la culture humaine, ils se juxtaposent et se fondent harmonieusement. Dans notre région, il est plus sage d'appliquer à l'époque qui précéda l'âge du fer le nom d'*énéolithique* (bronze et pierre). Ce terme paraît mieux s'adapter, d'après certains archéologues, à cette période où l'outil de pierre accompagna longtemps chez nous l'outil de métal beaucoup plus difficile à trouver.

Mazauric retira de la caverne de l'Elze de belles poteries lustrées de cette époque (type spécial à cannelures en travers de la panse).

Nos grottes et nos monuments mégalithiques nous donnent, de l'évolution continue de l'homme depuis les origines, l'émouvant témoignage ! Combien nous paraissent touchants sa conception primitive de l'au-delà, son grand respect de la sépulture ! Les dolmens de types variés rencontrés jusqu'au bord des gorges laissent exhaler ce véritable culte des morts et montrent quelles peines et quels efforts ont coûté les sépultures de type dolménique ! Nous sommes frappés par leur construction étudiée, édifiée à l'aide de moyens si modestes. Et nous éprouvons un vif sentiment admiratif devant la majestueuse architecture que nous offre le dolmen de La Prunarède, érigé sur un grand tumulus de rocaille.

Les tumulus hallstattiens ou tombelles de nos Causses, que l'on peut détecter jusqu'à l'extrême bordure du plateau, sont attribués à l'âge du fer. Des objets de bronze et de fer s'y trouvent mêlés, attestant une civilisation plus avancée que celles des Dolméniques. Comme dans les dolmens, les deux rites funéraires : incinération et inhumation, s'y trouvent représentés.

À l'âge des métaux l'Occident vit déferler des peuples envahisseurs dont notre région subit les influences : peuplades ligures, puis Celtes apportèrent aux tribus autochtones une continuité des plus progressives. Le souvenir des Ligures paraît subsister dans les restes d'habitations agglomérées ne présentant plus aujourd'hui que des fonds de cases édifiées en pierre sèche envahies par le buis. L'occupation celtique a laissé son empreinte aussi fortement que les âges précédents. De petits *oppida* peuvent être décelés tout le long des gorges, sur des promontoires isolés. Le souvenir des tribus gauloises ou volques, d'origine celtique, se retrouve dans les fonds de cabane de pierre à proximité desquels on recueille des tessons de poterie indigène de teinte noirâtre caractéristique, des broyeurs de basalte, indice de leur prédilection à cultiver les céréales.

Les vieux chemins du terroir, les « dralhes », suivis encore de nos jours par les troupeaux transhumants, sont des passages séculaires auxquels on donne une origine préromaine ou même préceltique.

Notre contrée, inhérente à la Gaule indépendante aux derniers siècles avant l'ère chrétienne, fut marquée à son tour par la domination romaine. Des tronçons de « camin ferrat » (chemin ferré) ou voies romaines secondaires sont encore perceptibles dans les gorges de la Vis. Des fragments de *tegulæ*, d'infimes débris de céramique de la Graufesenque et des autres grands ateliers de l'Empire y sont les témoins précieux de la période gallo-romaine, vestiges de la Gaule romanisée jusque dans ses vallées les plus reculées.

La conquête romaine fit place à celle des Wisigoths et des Francs. Une tradition impute à ces envahisseurs successifs, ainsi que plus tard aux Sarrasins, des troubles de toutes sortes qui saccagèrent la contrée. Des vestiges wisigothiques ainsi qu'une lance franque ont été trouvés dans les gorges. Notre terroir, compris dans la Narbonnaise, fit alors partie de la Septimanie.

Tandis que s'achevait la domination de Rome, un fait extrêmement important fut l'introduction du christianisme (dès le Ve siècle, des documents attestent l'existence du diocèse de Lodève). Dans la région, son implantation y apporta un véritable élan. Des moines s'y établirent en plusieurs points, fondèrent des *cellæ* autour desquelles des habitations et des « manses » ou mas se créèrent peu à peu. Ainsi une *villa* ou domaine rural se constitua, telle est l'origine de Navacelle.

Étymologiquement *cella* signifie « grange » (ce vocable ayant au Moyen Âge un sens plus étendu qu'aujourd'hui, s'appliquait à l'ensemble des bâtiments de l'exploitation rurale). Quant à l'adjectif *nova*, certains philologues restent fidèles au sens de « nouvelle », tandis que d'autres, tel Gaston Combarnous, qui fut un chef de file de la toponymie de cette région, penchait pour la forme *nava* signifiant anciennement « creux ».

Ces *cellæ* jouèrent un rôle très important dans la mise en valeur des terres stériles. Dans notre contrée, dès le règne de Charlemagne, sous l'impulsion de son intelligente et solide organisation, les terroirs les plus ingrats subirent son influence civilisatrice. Les moines furent les grands défricheurs de cette époque ; autour des associations monastiques, la colonisation agricole s'étendit. À Navacelle, il est quasi certain que les cultures en terrasses qui s'étagent face au midi furent patiemment aménagées par les monastiers. La plantation des vignes, des arbres fruitiers n'a probablement pas d'autre origine. Au milieu du petit cimetière actuel s'élève une muraille légèrement incurvée, vestige de la *cella*, vestige probablement de l'église Sainte-Marie des Chartes. Ruine combien impressionnante et précieuse ! Modeste pan de mur dans lequel subsistent tous les souvenirs de la fondation du village. Il est à souhaiter qu'il soit rapidement classé à l'Inventaire et fasse l'objet de travaux de restauration.

Au siècle dernier, des habitants de Navacelle, creusant une fosse auprès de ce vestige, se trouvèrent en présence d'une tombe de forme rectangulaire faite de lauzes* ou pierres plates, qu'ils attribuèrent à une sépulture de moine.

Plusieurs endroits à dénomination chrétienne rappellent l'implantation du christianisme dans la vallée. Une petite source en amont de la Foux est appelée « fon San Marti » ; saint Martin et saint Pierre semblent avoir été les saints les plus honorés des premiers chrétiens du val de Navacelle. Deux petites collines rocailleuses en aval de Navacelle sont appelées « lo roc de San Peyle ». Sur l'une d'elles, s'incurvant dans le dernier méandre, on voit les ruines d'une église ; on y peut percevoir un bénitier taillé dans le roc. Nul doute que l'on se trouve en présence d'une petite chapelle contemporaine des ermites réfugiés dans ces lieux sauvages.

Avec la dynastie des Carolingiens commence pour nous l'histoire connue par des documents écrits : plusieurs chartes des cartulaires de Lodève et de Gellone édictent les nombreuses donations de terres et d'églises que les princes carolingiens firent aux hauts

Vestige de l'église de la « cella ».

dignitaires de l'Église de Lodève. L'abbaye de Gellone (Saint-Guilhem-le-Désert) fondée par le valeureux Guillaume, parent et ami de Charlemagne, fut particulièrement comblée par ce souverain.

Dès le début du IXe siècle, nous trouvons dans les chartes des noms du terroir. Dans le testament de Guilhem en l'an 807, nous voyons mentionnés parmi ses biens : *alium villarem quem vocant Balmann* (la Baume-Auriol) ; *in villa Maderias mansos tres cum une molino obtimo*[1] (dans la *villa* appelée Madières trois mas et le meilleur moulin).

Le testament de saint Fulcrand, évêque de Lodève, daté du 4 février 988, édicte plusieurs « manses » dans la *villa* appelée Baume[2].

On rapporte qu'au Moyen Âge, des mines d'argent furent exploitées à la Baume-Auriol et utilisées à des fins monétaires par les évêques de Lodève.

Dans une charte de 1005[3] énumérant les possessions du monastère de Gellone, nous rencontrons le nom de Navacelle mentionné

1. Document IV, cartulaire de Gellone.
2. Document XI, cartulaire de Lodève.
3. Document V, cartulaire de Gellone.

pour la première fois : *in valle Virencha villa que vocant Nova cella terciam partem de ipse ecclesia et de ipsa villa* (dans la vallée de la Virenque le tiers de l'église de Nova cella et de cette villa).

Nous relevons dans le cartulaire de Lodève le nom de la rivière *flumen* « Virs » ; dans le cartulaire de Gellone : la rivière « Virs », le village de « Virsicco » ou « Virsec », la vallée de « Virencha ».

« Virs » est devenu « Vis » (« Vis » dans les compoix du XVII^e siècle) ; « Virsec » ou « Virsicco » sont devenus « Vissec ». Seul le mot « Virenque », nom actuel du thalweg sec, a conservé la forme *vir* dérivant de la forme antique *vera*, celtique ou même préceltique signifiant « rivière ».

Parallèlement à l'intense mouvement religieux de cette époque s'accentua le mouvement féodal ; le besoin qu'éprouva chacun de rechercher la protection d'un plus puissant que soi poussa de riches familles dans les liens de la sujétion seigneuriale. Ici, nous allons les voir donner libéralement à l'Église pour obtenir son appui et Nova Cella devenir rapidement, par ces dons successifs, propriété du monastère de Gellone. Au cours des siècles de foi ardente, en particulier au XI^e et XII^e siècles, les monastères reçurent de nombreuses donations. Elles ne leur provenaient pas des serfs, qui vivaient bien pauvrement, mais de la part de possesseurs d'alleux paysans (terres héréditaires exemptes de droit réel supérieur). Ces dons offerts soit par piété, soit par rachat, allaient de préférence aux abbayes qui possédaient des reliques précieuses, les donateurs se mettant ainsi sous la sauvegarde des religieux et de leurs prières. Il n'est pas étonnant dans notre contrée de voir les aumônes affluer vers Gellone, abbaye détenant un trésor inestimable : un fragment de la vraie croix et les restes du grand saint Guilhem. Parmi les chartes afférentes à Nova Cella, inscrites dans son cartulaire, plusieurs énoncent des donations dans ce même but.

C'est ainsi qu'en 1070[4], une famille offre au monastère de Gellone, pour attirer sur elle la miséricorde de Dieu, trois alleux qu'elle possède à Nova Cella, dont un représente le tiers de la *villa* et le tiers de l'église placée sous le vocable de Sainte-Marie.

Une charte datée de 1060-1108[5], mentionne le don que fait un nommé Ugo de tout son alleu, comprenant plusieurs « manses »

---

4. Doc. CXXVII, cartulaire de Gellone.
5. Doc. CCXVIII, cartulaire de Gellone.

Une rue de Vissec.

aux environs de Nova Cella, du cens qu'il y perçoit et du quart de l'église Sainte-Marie.

Dans le testament[6] que fait un nommé Rogerius lorsqu'il part pour Rome en 1140, il donne à sa femme son alleu situé en partie à Nova Cella, à condition que, s'il est rappelé à Dieu, elle le garde pendant son veuvage et le donne à sa mort aux moines de Saint-Guilhem.

Raimont de Nant, 1097, pour le salut de son âme et celle de ses parents, remet à Gellone les hommes et les femmes qu'il a dans Arisdium et la Virenque, les usages et l'hommage qu'il y perçoit. Il accepte cependant de l'abbé Bérenger quarante-quatre sous melgoriens[7].

Aux donations qui se succèdent en leur faveur, les moines de Gellone, désirant agrandir leur puissance temporelle, ajoutent des acquisitions :

C'est ainsi que Benames et ses fils Aramfred et Guifred vendent pour treize sous aux moines Airad et Rainald leur alleu situé à Nova Cella[8] (996-1031).

De même Troitramnus et ses fils vendent pour huit sous leur alleu de Nova Cella[9] (996-1031). Cet acte de vente présente beaucoup d'intérêt par la composition de l'alleu qui y est énuméré : *in villa que vulgo dicitur Nova cella... vendimus vobis alodem nostrum... sive in aquis, et in molinis, sive in vineis, seu in cultis et incultis* (dans la *villa* que l'on appelle Nova Cella, nous vous vendons notre alleu... soit en eaux, en moulins, soit en vignes, cultures et friches...). Nous voyons par cet acte même les eaux devenir propriété de Gellone. Effectivement, nous rencontrons un siècle plus tard une charte[10] (1140), édictant le cens perçu sur l'eau de la Vis par le monastère (*De censu ultra aquam Virs*) ; exemple : « Arnaldus de Nova Cella doit une albergue de deux chevaliers et douze deniers. »

Comme nous pouvons le voir dans la donation précitée de Raimont de Nant (1097), énonçant : « ... ce que j'ai en hommes et en femmes... », ces riches propriétaires avaient des serfs pour exploi-

6. Doc. CCXVIIII, cartulaire de Gellone.
7. Doc. CCCCXXIII, cartulaire de Gellone.
8. Doc. CXX, cartulaire de Gellone.
9. Doc. CXXI, cartulaire de Gellone.
10. Doc. CCCCLXXXXVIIII, cartulaire de Gellone.

ter leurs terres. Ce n'est qu'au XII^e siècle que le seigneur (laïque ou ecclésiastique) céda certaines de ses terres à ceux qui les avaient tout d'abord cultivées, moyennant des redevances ou cens. Aussi, voyons-nous, dès ce moment, les tenanciers des mas situés dans les gorges de la Vis versant une redevance annuelle en nature ou en espèces aux dignitaires de l'abbaye de Gellone. Dans l'énoncé du cens perçu par le cellerier du monastère, après 1162[11] nous trouvons : Rainaldus de la Follatière et Hugo du Pont devant fournir l'un cent truites, l'autre trente truites pour la fête de Saint-Guilhem.

Les hommes qui occupent ces tenures payent leurs redevances en deniers et en fraction proportionnelle de récolte, soit avoine, soit moutons, vaches, porcs, agneaux, poissons, fromages, fougasses. Ils doivent encore des services ; ainsi rencontrons-nous, notamment dans l'inféodation des eaux de la rivière le droit d'albergue, c'est-à-dire l'obligation d'héberger les chevaliers et leur suite se déplaçant au service du roi, obligation qui fut plus tard transformée en redevance en espèces.

Ces revenus assuraient l'entretien des moines de Gellone mais leur permettaient aussi d'offrir l'hospitalité aux nombreux pèlerins qui venaient parfois de très loin s'agenouiller pieusement à Saint-Guilhem.

Puissance spirituelle, mais surtout puissance temporelle de Gellone à son apogée dans notre vallée aux XI^e et XII^e siècles qui va s'estomper aux siècles suivants. Comment les possessions de Gellone dans les gorges de la Vis passèrent-elles dans les mains de seigneurs laïques ? Nous ne saurions le déterminer. Les possessions nobles furent-elles le résultat d'aliénations aux dépens des domaines de l'abbaye ? Une solution pourrait être celle-ci : dans un acte du XVIII^e siècle concernant le monastère[12], « le seigneur d'Assas renouvelle son bail à locatairie perpétuelle », ce qui permettrait de supposer que les seigneurs laïques soient passés de la locatairie à la propriété lors du déclin de Gellone.

Les documents écrits médiévaux, sources précieuses entre toutes pour l'histoire de ce temps, nous apportent des renseignements tant au point de vue historique qu'ethnographique.

11. Doc. DI, cartulaire de Gellone.
12. Archives départementales du Gard, série IE-1005-1006.

*« De même de la* villa *appelée Nova Cella dans la vallée de la Virenque, dans la viguerie d'Arisensis, située entre le comté de Lodève et celui de Nîmes, don de trois alleux, fait par Airad, son épouse Guildla et son fils Pons.*

*« Pendant que nous étions submergés par des soucis terrestres, j'ai très peu pensé à ce qui touche aux réalités suprêmes. Moi dont le nom en Dieu est Airad, mon épouse Guildla et mon fils Pons, avons pensé au trépas, et au jour où nous recevrions la récompense de la vie présente, pour que Dieu à cette lumière m'accorde sa juste miséricorde, et dans l'au-delà, le salut dans son royaume. C'est pourquoi d'un même élan nous donnons quelque chose de notre alleu aux moines du saint Sauveur de Gellone et au vénérable bois de la croix ; quelque chose aussi aux successeurs du bienheureux Guilhem illustre confesseur du Christ, et aux autres saints dont on trouve les noms dans le territoire situé entre les comtés de Lodève et de Nîmes, dans la viguerie d'Arisensis, dans le vallon appelé Virenque, nous donnons le tiers de la* villa *appelée Nova Cella avec le tiers de son église érigée sous le vocable de Sainte-Marie, ses terres cultivées et ses terres incultes. Nous donnons l'alleu lui-même qui est dans ce domaine, alleu avec lequel Witardus racheta son méfait contre Airad. De même pour l'autre alleu que j'ai acheté à Walter, et celui de Ramon, et celui d'Aribert que nous possédons au même endroit, nous donnons et nous léguons tout intégralement par un commun accord émanant de notre qualité de propriétaires. Nous donnons de telle manière que si quelqu'un des donateurs, ou un abbé, ou un sujet quelconque voulait soustraire de la communauté monastique quelque chose pour le retourner à nos biens, qu'il encoure particulièrement la colère de Dieu, qu'il soit excommunié, qu'il soit le comparse de Judas Iscariote en enfer.*

*« Cette disposition a été établie le quatre des calendes de juin sous le règne de Notre Seigneur Jésus-Christ. Signé : Airad, et son épouse (ayant connaissance de l'acte) et leur fils, qui voulurent faire cette donation, la confirmèrent en signant le présent acte de leur propre main et demandèrent confirmation à des témoins S. Bernard Yschiorolus. – S. Aribert. – S., un autre Bernard. – S. Siwini. – S. Amici. »*

(Traduction : Abbé J.-M. Bénaben.)

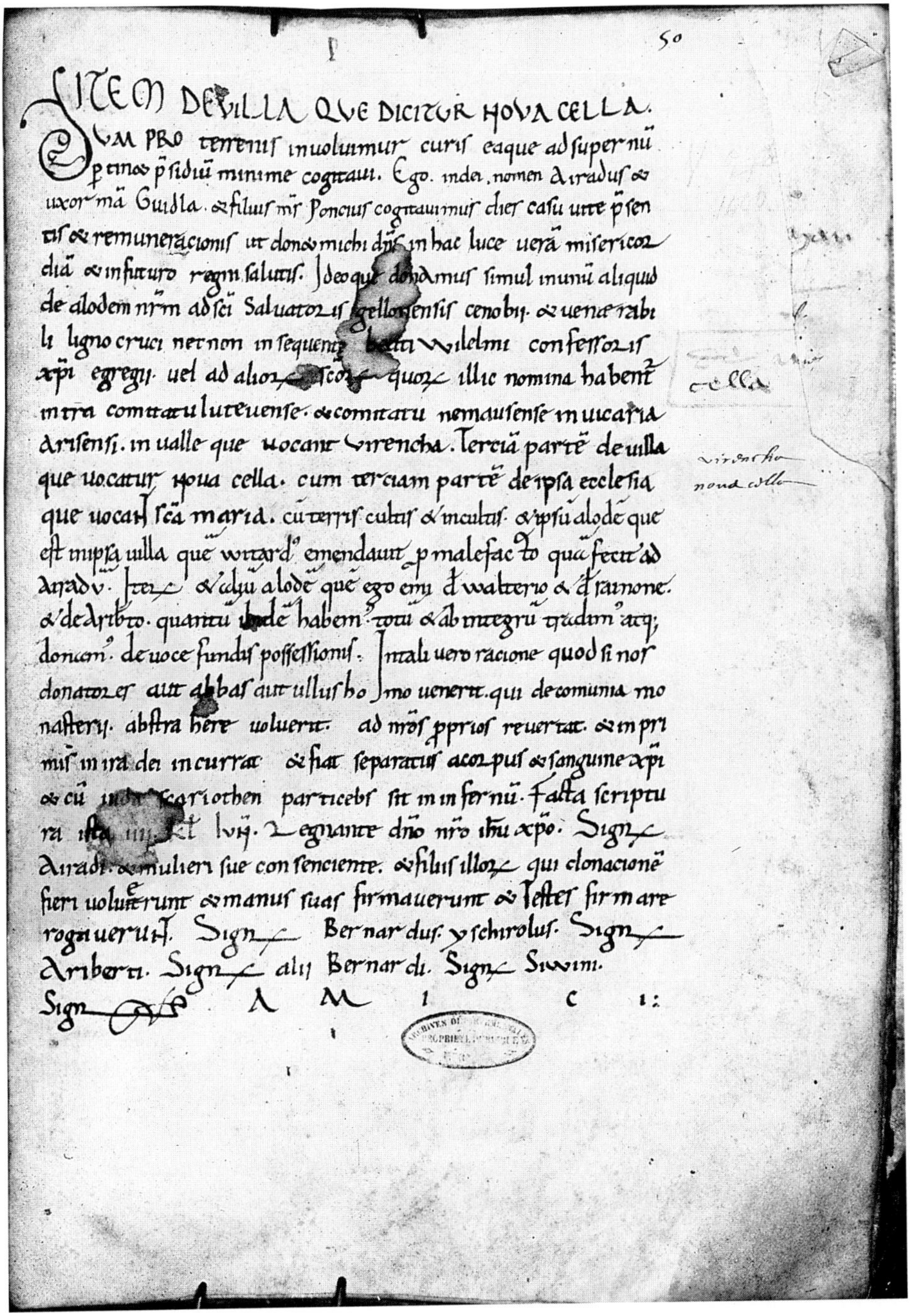
ITEM DE VILLA QUE DICITUR NOVA CELLA.
DUM PRO terrenis involuimur curis eaque ad supernum pertinet presidium minime cogitavi. Ego. inde, nomen Airadus et uxor mea Guidla. et filius meus Poncius cogitavimus dies casu vite presentis et remuneracionis ut donet michi dominus in hac luce veram misericordiam et in futuro regni salutis. Ideoque donamus simul in unum aliquid de alodem nostrum ad sancti Salvatoris gellonensis cenobii. et venerabili ligno cruci necnon in sequente beati Wilelmi confessoris xpi egregii. vel ad aliorum [illegible] quorum illic nomina habentur intra comitatu luteuense. et comitatu nemausense in vicaria Arisensi. in valle que vocant Virencha. Terciam partem de villa que vocatur Nova cella. cum terciam partem de ipsa ecclesia que vocatur sancta maria. cum terris cultis et incultis. et ipsum alodem que est in ipsa villa quem Witardus emendavit pro malefacto quam fecit ad Airadum. Item et alium alodem quem ego emi de Walterio et de Rainone. et de Ariberto. quantum inde habemus totum et ab integrum tradimus atque donamus. de voce fundis possessionis. In tali vero racione quod si nos donatores aut abbas aut ullus homo venerit. qui de comunia monasterii. abstrahere voluerit. ad nos proprios revertat. et in primis in ira dei incurrat et fiat separatus a corpus et sanguine xpi et cum iuda scariothen particebs sit in infernum. Facta scriptura ista [illegible] lvii. Regnante domino nostro ihu xpo. Signum Airadi. et mulieri sue consenciente. et filiis illorum qui donacionem fieri voluerunt et manus suas firmaverunt et testes firmare rogaverunt. Signum Bernardus y schirolus. Signum Ariberti. Signum alii Bernardi. Signum Siwini. Signum A M I C I:

Acte original (doc CXXVII du Cartulaire de Gellone), Arch. dép. de l'Hérault.

Navacelle :
sa plus vieille maison.

Les chartes de Gellone nous confirment la situation de Nova Cella dans la viguerie d'Arisensis ou d'Arisitum : *villa que dicitur Nova cella in valle Virencha, in vicaria Arisensi, intra comitatum Lutovensem et comitatum Nemausensem* (*villa* que l'on appelle Nova Cella dans la vallée de la Virenque, dans la viguerie d'Arisensis, entre le comté de Lodève et celui de Nîmes) ; pays d'Arisdium (pays de l'Arre ?) ou terre d'Hierle, l'antique *pagus Arisensis*, posant encore aux historiens le problème de son emplacement exact.

Par le fait même de sa position dans la terre d'Arisdium, de sa situation sur la limite du diocèse de Lodève, Novacelle va soulever au cours des siècles de nombreuses contestations : « À partir du traité de Meaux, en 1229, les évêques de Lodève qui depuis longtemps déjà, possèdent les droits régaliens dans leur diocèse, en deviennent eux-mêmes suzerains sous la souveraineté de la couronne ; à elle seule ils doivent l'hommage et prêtent le serment de fidélité. À ce titre de seigneur dominant de son diocèse, le prélat reçoit lui-même l'hommage de fiefs nobles du ressort. Cette juridiction éminente du prélat n'englobe pourtant pas son entier diocèse... À l'extrémité nord-est du diocèse, les seigneurs de Madières, de Novacelle et de la Baume-Auriol ont prétendu à plusieurs reprises ne pas relever de l'évêque de Lodève. De fort vives contestations surgissent à ce sujet dès le dernier quart du XIIIe siècle ; elles sont le fait des deux coseigneurs de Madières, Raymond de Madières et Guillaume d'Anduze, et semblent étroitement liées au problème de la détermination des limites des sénéchaussées de Carcassonne et de Beaucaire dans cette région. En 1281, un arrêt du parlement de Paris reconnaît que l'hommage du château de Ma-dières appartient à l'évêque de Lodève, et non au seigneur de la terre d'Arisdium ou d'Hierle dans le diocèse de Nîmes. Par la suite, les rois de France doivent intervenir eux-mêmes à maintes reprises en faveur de l'évêque de Lodève ; ils écrivent au sénéchal de Carcassonne, en lui demandant de veiller à l'exécution de la sentence de 1281. À la fin du XVIIe siècle ou au début du XVIIIe, les évêques de Lodève ont encore des discussions avec Sarret de Saint-Laurent, seigneur de Novacelle, et leurs archives renferment un *Mémoire pour les terres de Madières et la Baume-Auriol*, dont l'hommage est réclamé par le marquis de Vissec, qui est alors à la tête de la baronnie d'Hierle. Vers 1720, les Bénédictins déclarent, de leur côté, que l'ancienne baronnie d'Hierle s'étendait dans les deux diocèses de Nîmes et de Lodève[13]. »

Au début du XVIIe siècle, le seigneur de Navacelle a des différends avec le baron d'Hierle, Fulcrand d'Assas, possessioné à Navacelle (archives intéressantes concernant les vieux moulins déjà mentionnés dans un acte de vente à Gellone au Xe siècle).

En 1618, De Bonnal désirait édifier « une tour sur la rive gauche de la Vis qui devait s'élever aux Costes de Navacelle et sur le rocher qui est au-dessus du boundou, appelé La Fournague. Assas fit défense au Sieur de La Baume et de Noveselle, d'édifier aucun bâtiment dans son fonds et près de son moulin bladier et drapier, ni d'entrer ni sortir d'icelui ».

« Les moulins de Bertinel et leurs appartenances appartenaient aux Assas comme à leurs prédécesseurs depuis l'espace de dix, trente, soixante ans et autres temps que n'est de mémoire d'homme. »

Autres archives intéressantes concernant le pont en dos d'âne. Par une transaction de 1595, Assas réalise une communication directe du causse de Blandas avec le Larzac par Navacelle. Par l'acte notarié du 16 juin 1595, « il s'agit de construire un pont sur la rivière du Vis au lieu de Navacelle bon et suffisant, bien maçonné de pierre, à chaux et sable, au lieu où a été avisé entre les parties ou qui mieux aviseront propre et utile.

13. E. Appolis, *Le Diocèse civil de Lodève.*

La petite église désaffectée du XIIIe siècle.

Le pont doit être à un œil [arche] ou davantage avec des encoules [contreforts] comme besoin sera, large de 10 pans et de toute la largeur de ladite rivière et hauteur comme pourra porter l'arc ». Assas s'engage, selon la coutume, à fournir et faire porter à pied d'œuvre tous les matériaux nécessaires. Le pont doit être achevé « le jour et fête de Notre-Dame de septembre prochain venant foire du Vigan ».

Les trois maçons reçoivent deux cents livres sur le champs, à valoir sur la somme de quatre cents livres. Le solde devant être versé moitié au début des travaux, moitié à l'achèvement. Assas leur fournit « trois sétiers froment, quatre moutons ou brebis gras, dix livres fromage bon et essuie [affiné], la moitié d'un lard bon et compétent ».

Il leur fournit aussi une maison pour habiter audit lieu de Navacelle. Les hommes ont donc moins de trois mois pour construire le pont. Celui-ci va faciliter l'accès aux moulins de Bertinel et accroître leur fréquentation par rapport à ceux de la Foux[14].

Le souvenir de la suzeraineté de l'évêque de Lodève subsiste à Navacelle dans la petite église du XIIIe siècle, située entre la partie remaniée du château et l'église actuelle. « Béranger, évêque de Lodève, édifia en ce lieu, en 1286, pour la commodité des habitants,

14. Extraits de : Adrienne Durand-Tullou, *Le Loup du causse, la légende d'un compagnon de Rohan (1594-1638)*, Payot, Paris,1994.

l'antique chapelle de Notre-Dame[15] ». Lorsque l'église actuelle fut construite en 1875, cette chapelle fut désaffectée. Elle a conservé son architecture des plus modestes : une porte cintrée, une fenêtre de forme rectangulaire, à encadrements de tufs sont les seuls ornements sans recherche de sa petite façade.

En parcourant le hameau, lieux-dits et vestiges de constructions nous ramènent à chaque pas à l'époque féodale.

La maison Buresi (nom des propriétaires actuels), avec un reste de fenêtres à meneaux, évoque le temps de la Renaissance.

La désignation du groupe de maisons encerclant l'église actuelle, « le mas de Guilhou », rappelle sans doute de nos jours le souvenir de Saint-Guilhem. « Lo serre de la Gleize » (le serre de l'église) a conservé le nom caractéristique des possessions ecclésiastiques. De bonnes terres telles que « la vigne de Mousseu » (la vigne de Monsieur), « la vigne de Madame », « le serre du Castel » (le serre du château), « las Condamines » (dérivant de la forme *dominus* signifiant « maître ») par leurs termes significatifs témoignent de leur appartenance seigneuriale.

Si le cadastre porte ces noms jusqu'à nous, les compoix terriens de la communauté de Saint-Maurice, dont Novacelle faisait partie, nous révèlent des renseignements plus précieux. Confectionnés en 1643 et en 1666, ils sont parfaitement conservés ; leur présentation est originale, les rédacteurs de l'époque s'étant attardés à écrire d'une manière particulière chaque nom de propriétaire et à l'orner de fioritures. Les compoix terriens, destinés à répartir l'impôt foncier appelé « taille » dans le Languedoc, dénombraient avec équité d'une part les biens des habitants, propriétés bâties et nature des cultures, d'autre part les biens prétendus nobles. Ils offrent au chercheur des renseignements sûrs et variés, tant aux points de vue archéologique et historique qu'au point de vue économique.

Parmi les noms de tènements que l'on peut y relever, certains ont disparu sur le cadastre et dans le souvenir populaire. Il en est un qui paraît présenter de l'intérêt : Castel Viel. Ce lieu fut probablement l'emplacement du premier château de Navacelle dont il ne reste plus de trace. Néanmoins, ses confronts, « confront du levant M. Jourdan, du couchant le serre du Cayla, du midy le sieur de Noveselle et du

15. Fabre, *Histoire des communes du canton du Caylar*, renseignement recueilli dans P. de la Sauze, *Chronologie des évêques de Lodève*.

Compoix (1643). Anciennement aux archives de la Mairie de Saint-Maurice-Navacelle actuellement conservé aux Archives départementales de Montpellier.

terral la rivière de Vis », permettent de faire un rapprochement avec le groupe de maisons appelé aujourd'hui « le Pigeonnier ». Nous croyons y voir une survivance du droit de colombier considéré à l'origine comme une prérogative seigneuriale.

Certains lieux-dits offrent aussi de l'intérêt au point de vue archéologique, tels que Cingle de Cavalade, Pas de l'Escale, Carriero, désignant des chemins antiques.

Dans la désignation des confronts, les points cardinaux sont souvent remplacés par le nom des vents tels que « narbonnez » (le vent d'ouest), « aguial » (le vent d'est), « terral » (le vent du nord), le « midy » (vent du sud) ou « vand droit », qui a disparu dans le langage local (s'agissait-il du vent qui suit la direction de la rivière ? Nous ne saurions le préciser).

En 1643, le lieu de « Novesele » inscrit sur le compoix vingt-six propriétaires dont seize portent le nom de Jourdan. Pour les différencier, on a dû parfois accompagner leur nom patronymique du prénom de leur père ou d'un surnom pittoresque. C'est ainsi que nous rencontrons entre autres : Fulcrand Jourdan fils de Barthélémy, Pierre Jourdan fils de Gracieux, Jean Jourdan dit Goujon, Antoine Jourdan dit la Plume.

Le cahier des biens prétendus nobles nous fait connaître le nom du seigneur de cette époque : noble Jean de Bonnal, seigneur de la Baume et de Noveselle. Outre ses propriétés de la Baume-Auriol, il possède « une maison y ayam une tour palier four ayre le tout joinct en son ensemble au lieu de Noveselle ». Parmi ses terres, nous ne sommes nullement surpris de trouver « las Condamines ».

Nous reconnaissons la maison à la tour dans le château actuel : la tour et l'aire attenante en sont les restes authentiques, l'autre partie a été remaniée.

Le compoix refait en 1666 nous révèle un autre seigneur : « Noble Pierre de Sarret seigneur de Navaselle, La Baume Auriol, conseiller du Roy en la cour des Comptes Aides et finances de Montpellier ».

Dans les deux compoix, les possessions seigneuriales dans le lieu de Noveselle ne paraissent pas être des biens nobles : elles paient leur quote-part comme les biens en roture et ne figurent pas au Cahier des biens prétendus nobles ; la Baume-Auriol seule avec ses propriétés bâties et ses parcelles y a une place réservée.

Le lieu de Noveselle est divisé en deux parties : « le faulxbourg du Chasteau » et le « faulxbourg de lesglize ». Les huit habitants du

« faulxbourg du Chasteau » ont un four à cuire le pain indivis entre eux « le four de contre le chasteau confront de toutes parts une petite place ». Ce four est parvenu intact jusqu'à nous, il est inclus dans la tour que la rue en escalier sépare du château. « Le four du coste de la gleize* » n'est pas aussi bien conservé, c'est aujourd'hui le four de Frédou dont on peut voir les vestiges à côté du cimetière. Ces fours étaient des fours banaux ; le droit de fournage, constituant à l'origine en une fraction de la pâte, a été changé en une redevance annuelle partagée entre les habitants. En 1643, chaque habitant doit « pour sa part du four deux deniers ». Au XVIIIe siècle, les redevances en nature au seigneur haut justicier consistent à Navacelle en « gélines[16] » (poules et pigeons).

Le compoix de 1666 édicte aussi les « patus communs aux habitants », « hermes et traves » (terrains incultes) où ils peuvent tous amener paître leurs chèvres et les bêtes à laine. Aujourd'hui, ces mêmes pacages, parmi lesquels figurent les pentes du cirque, sont communs aux habitants de Navacelle.

Les compoix nous renseignent sur la nature des cultures au XVIIe siècle d'une façon sérieuse, si l'on en juge par le soin qui était apporté à l'estimation des différentes parcelles. La table du compoix de 1666 ne comporte pas moins de quatorze degrés pour les désigner. Chaque terre plus ou moins féconde correspond à un degré plus ou moins élevé : pour les jardins et les cambinières, il y a quatre degrés : bon de bon, bon, moyen, faible ; pour les champs, vignes, bois, terrains vagues et incultes dix degrés : bon de bon, moyen de bon, faible de bon, bon de moyen, moyen de moyen, faible de moyen, bon de faible, moyen de faible, faible, faible de faible.

La majorité des propriétaires possède une « cambière », (endroit où l'on cultivait le chanvre) estimée au deuxième degré, une des meilleures terres. Des terrains d'alluvions sont encore appelés « cambières » ; la culture du chanvre y a fait place à la culture potagère.

Les compoix mentionnent à Novacelle des arbres fruitiers, des châtaignettes établies sur des dépôts siliceux comme il en existe en plusieurs points du cours supérieur de la Vis, des vignes, des olivettes, des champs, des bois, cultures traditionnelles des origines à nos jours. La pomme de terre, aujourd'hui base de la nourriture familiale, ne fut introduite dans le terroir qu'à la fin du XVIIIe siècle.

16. E. Appolis, *Le Diocèse civil de Lodève*.

« La tour du château ».

Autres documents d'archives nous donnant des renseignements complémentaires : les registres paroissiaux parvenus jusqu'à nous de 1674 à 1804.

Le mariage de la fille du seigneur de Navacelle en 1748 nous est ainsi rapporté. Le *Registre des baptêmes, mariages et sépultures faites dans l'église paroissiale de Notre-Dame de Navacelle du diocèse de Lodève*, édicte :

> « *L'an mil sept cent quarante huit et le quinzième jour du mois d'octobre ont été conjoints en vray et légitime mariage en face de notre sainte mère l'Église catholique apostolique et romaine par Messire Gabriel de Benoist de La Prunarède, abbé de Saint-Guilhem le désert et Chanoine de l'Église cathédrale de Montpellier après la publication des bans du futur mariage entre Messire Noble Henry Benoist de La Prunérède chevalier de l'Ordre Royal militaire Saint-Louis, Capitaine du Régiment Royal Dragons, citoyen de Lodève et paroisse de*

*Saint-Fulcran du d. Lodève, fils légitime et naturel de feu noble messire Gabriel de Benoist de La Prunarède major du Régiment de Noaille et de Dame Élisabeth de la Treille de Fozières d'une part, et Demoiselle Marie Evesque fille légitime et naturelle de Monsieur Joseph Evesque, Seigneur de Navacelle et Cérizières et de Dame Marie Banastié du d. Navacelle, d'autre part, faite au prône de la messe paroissiale pendant trois Dimanches consécutifs dont le dernier a été le treizième du d. mois tant en cette église qu'en celle de Saint-Fulcran du d. Lodève sans qu'il se soit trouvé aucun empêchement ou opposition ainsi qu'il nous a paru par le certificat du Sieur Arrazat curé de la d. paroisse de Saint-Fulcran du d. Lodève. En date du treizième du d. mois, Témoins Messire Barthélémy Evesque ancien chanoine et vicaire général du Seigneur Évêque de Vabres, oncle paternel de la d. demoiselle, Jean Pierre Evesque frère de Bousquet chanoine de la cathédrale du d. Vabres cousin au second degré, Mr Jean Lautrec prieur curé de Saint-Maurice, le Sieur Jacques Louis Salasc notaire à Lodève et autres qui ont tous signé avec l'époux et l'épouse.* »

Suivent dix-huit signatures.

La nouvelle mariée devint-elle plus tard héritière de la seigneurie de son père, c'est ce que laisse présumer ce fait rapporté à Navacelle : madame de La Prunarède fit construire en 1800 le canal d'arrosage. Quelques années plus tard, elle vendit ses possessions du lieu à des particuliers ; c'est avec elle que s'achève la noblesse de Navacelle.

Le baptême de la cloche est aussi inscrit sur les registres paroissiaux : « L'an mil sept cent soixante dix-sept et le onzième jour du mois de Décembre a été par nous prieur soussigné donné la bénédiction de la cloche de l'église de Navacelle à laquelle nous avons donné le nom d'Élizabeth, son parrain a été Pierre Vidal du lieu de Saint-Maurice et sa marraine Élisabeth Bourrier épouse de Jourdan fermier de Monsieur de Navacelle ; présents St-Léger curé du d. lieu, Antoine La Fabrié, le frère André Degisson, Jean Caila. »

En feuilletant ces registres, il est rare de trouver plusieurs signatures à côté de celle du prieur, la majorité des habitants paraît être illettrée. Un grand nombre d'actes se termine ainsi : « un tel soussigné, les autres ont dit ne pas savoir. » Jusqu'au début du XIXe siècle où Navacelle eut pour la première fois une institutrice, l'instruction paraît être le privilège de la noblesse et du clergé. Dans les campagnes reculées, les premiers préceptes furent jusqu'à cette époque donnés par le prêtre. Il est quasi certain que ces signatures parsemées dans les registres paroissiaux dénotent des notions d'écriture apprises en prenant part aux leçons de catéchisme.

Le nom patronymique « Jourdan » est rencontré aussi fréquemment dans les registres paroissiaux que dans les compoix terriens. Il y est toujours suivi d'un sobriquet expressif qui paraît être donné dès le berceau. C'est ainsi qu'en 1777, un garçon est appelé dans son acte de baptême d'une façon charmante : « Michel Jourdan, dit Peissessounet » (Michel Jourdan dit petit poisson).

Dans l'église actuelle, les habitants de Navacelle conservent jalousement une pièce rare du XVII^e^ siècle : « La Vierge à l'Enfant » statue de pierre (quatre-vingts centimètres de hauteur) qu'on peut voir dans la petite chapelle de la Vierge à gauche de la nef. Elle fut, par le passé, « la Vierge guérisseuse » ; une pieuse confiance amena longtemps jusqu'à elle des mamans dont les bébés souffraient de maladies de peau.

La baume du Roc-du-Midi dans le Gard et face à elle, la grotte appelée « Cingle du Fort » située sous La Baume-Auriol remémorent les guerres de Religion. Un mur en maçonnerie avec des meurtrières défendait leur entrée, il n'en reste aujourd'hui que des vestiges paraissant être d'appareil roman. D'après les traces qu'elles ont montrées, elles semblent avoir servi de refuge maintes fois au cours de l'histoire. Elles furent utilisées en particulier au temps des dragonnades.

Le Cingle du Fort porte encore le nom de « grotte des Camisards », surnom que l'on donna à la fin du XVII^e^ et au début du XVIII^e^ siècle aux paysans cévenols qui portaient comme signe de ralliement une « camiso » (chemise) par-dessus leurs vêtements.

Le souvenir du mouvement insurrectionnel organisé par les protestants après la révocation de l'édit de Nantes est resté vivace dans la région. Ces paysans à qui la liberté de conscience venait d'être enlevée, d'esprit indépendant, très attachés à la Réforme, se révoltèrent et prirent les armes. Connaissant bien leur pays, ils choisirent des lieux sûrs et difficilement accessibles, ils tinrent tête ainsi à de grands hommes de guerre. Leur principal chef, Cavalier, parvint après des négociations avec le maréchal Villars, à mettre fin à ces « guerillas » dangereuses, mais une paix véritable ne régna dans les Cévennes qu'à la fin du XVIII^e^ siècle.

La Vierge à l'Enfant, XVIIe siècle.

La région de Navacelle ne fut pas indifférente aux troubles provoqués par la Révolution. La tradition perpétue qu'un prêtre fut caché par la fermière de La Baume-Auriol. La trappe par laquelle elle le fit descendre existe toujours dans la cuisine de la ferme, elle est dissimulée sous le bûcher auprès de la grande cheminée et correspond à une cave, alors dépourvue de la porte utilisée aujourd'hui.

Les anciennes limites sur lesquelles Navacelle se trouvait depuis son origine furent conservées par la Révolution. Depuis la fin du XVIIIe siècle, la Vis sert de limite aux départements du Gard et de l'Hérault. Le hameau est divisé en quatre groupes de maisons : Navacelle, le mas de Guilhou et le Pigeonnier dans le département de l'Hérault font partie de la commune de Saint-Maurice-Navacelle ; Rochebelle, dans le Gard, fait partie de la commune de Blandas.

Les armoiries de Navacelle sont conservées dans l'armorial d'Hozier de 1697 : « De sinople à un chef losangé d'or et de sable ».

Le nom de Navacelle a subi bien des modifications depuis son origine ; la forme médiévale Nova cella est devenue tour à tour : Novacelle, Neufuccelle, Novecelle, Noveselle, Novaselle, Navacelle (nous avons relevé toutes ces formes dans les archives de la mairie de Saint-Maurice-Navacelle). La forme contemporaine « Navacelles » est le résultat des nombreux remaniements de l'orthographe fantaisiste des siècles révolus. Par son origine, Navacelle est un singulier et doit s'écrire sans *s*.

Un souvenir inédit du Premier Empire est conservé à Navacelle : les lettres du grognard Lafabrié à ses parents, lors de son retour en France au déclin de l'épopée napoléonienne. Grâce à l'extrême obligeance de son arrière petite-fille, nous pouvons publier les extraits les plus émouvants de cette correspondance :

*Verdun, le 6 décembre 1814,*
*Mon très cher père et ma très chère mère.*
*Je vous écris* [...] *pour vous faire savoir que je suis de retour de cette maudite Russie, qu'elle est la perdition de mille et mille Français.* [...] *Je vous dirai que j'ai été fait prisonnier à Dantzig le 2 janvier 1813, après qu'avoir resté un an bloqué* [...] *le gouverneur de la ville et le prince qui nous bloquent, avaient fait des arrangements pour rentrer en France mais l'empereur Alexandre n'a pas voulu et il a fallu nous rendre prisonnier et nous emmener au fond de la Russie, frontière d'Asie. Nous avons parti le 2 janvier de Dantzig et nous sommes arrivés dans ce pays le 8 Juin. L'ordre est venu de suite pour rentrer en France. Nous avons parti le 14 Juin et je crois que nous arriverons à Valenciennes le 13 Décembre 1814.* [...] *Je ne sais pas comment je suis pas mort cent fois pour une* [...], *je suis l'homme le plus misérable que vous pouvez vous imaginer.* [...] *Ainsi j'espère que vous m'enverrez le moins trois ou quatre louis pour pouvoir m'acheter un pantalon quelques mouchoirs pour mon cou et quelques chemises.* [...]

*Valenciennes, le 10 Janvier 1815,*
[...] *Nous avons marché pendant six mois sur la neige depuis le mois de Décembre jusqu'au mois de Juin sans voir la terre, un froid terrible car un homme qui tombait par terre ne pouvait plus se relever, il était gelé de suite... Le plus que nous avons souffert ça a été dans la Pologne car nous marchions des fois quatre, cinq jours sans trouver du pain.* [...] *En Prusse, nous avons été bien et en Silésie parce qu'ils nous donnaient du pain à discrétion. En Saxe ils nous mettaient dans les hôpitaux parce que le bruit courait que nous apportions la peste et beaucoup de vermine.* [...]

*Valenciennes, le 7 Février 1815,*
[...] *Je ne tarderai pas longtemps à venir vous embrasser, ce qui serait bien mon désir, faute de ça je pourrai rester encore peut-être un an ou plus, mais tous les braves soldats de l'Empereur nous avons espoir qu'on nous renverra dans le sein de nos familles.* [...]

*Beauvais, le 18 Mai 1815,*

[…] *Il a passé le bruit que l'Impératrice allait venir à Paris et une trêve pour vingt ans avec l'Anglais, la paix avec l'Autriche et que le Sénat Russe appelait ses troupes disant qu'elles étaient plus utiles dans leur pays que de venir faire la guerre en France. À présent je ne sais pas comment que ça yra.* […]

*Hévreux, le 26 Juin 1815,*

[…] *Pour les affaires de la guerre ils ne sont pas trop avantageux pour nous car notre armée du Nord a été battue le 18 au soir et a été obligée de battre en retraite jusqu'aux anciennes limites et nous avons perdu toute la Garde Impériale soi-disant, je vous dirai que le petit-fils de l'Empereur est nommé Napoléon Deux Empereur des français. À présent savoir sy les puissances étrangères voudront l'accepter.* […] *J'espère* […] *que je reviendrai pour accomplir mes vœux.* […]

*Étienne Lafabrié, caporal,*
*Rentrant de Russie.*

Les vœux du brave soldat furent exaucés : après la chute de l'Empire, l'auteur de cette page intéressante pour la petite histoire revint à Navacelle. Il y fonda un foyer et cultiva le patrimoine ; mais les multiples souffrances endurées au cours de ses expéditions militaires ne furent pas étrangères à sa mort prématurée. Âgé de quarante-six ans, un soir de février 1839, au roulement pacifique de la cascade, il s'endormit pour toujours.

Souvenirs… Vieux âges imprégnés aussi fortement dans le roc que dans le cœur des hommes couronnent cette terre de leur rayonnement.

# IV
# Le milieu humain

*Tant a de majesté l'ancienne façon*
*de manier la terre.*
(Olivier de Serres)

Sur la pente lumineuse de Navacelle, une forme humaine en gestes lents et sûrs enfonçait le « bigos » (pioche à deux dents) dans le sol. Des millénaires avaient passé… et la même noblesse qui présidait à l'effort du lointain dolménique émanait intensément du travail de ce jour. Attitude puissamment évocatrice qui nous conduisait jusqu'à l'homme au pic en bois de cerf et à la faucille de pierre, tant on y percevait de patience obstinée, tant on y devinait d'amour profond pour la glèbe maternelle ! L'homme, ici, depuis toujours obéissait aux mêmes lois, lois sévères imposées à son activité par la structure même du sol. Il obéissait de toute son âme à cette nature exigeante et, parce que rude et pierreuse, parce qu'avare de terre légère, elle ne l'attachait que plus fortement.

En contact avec cette dureté au sortir du berceau l'agilité lui était chose naturelle et son labeur pénible une joie par surcroît. Comme ses aïeux qui dans une attirance inexplicable avaient, au cours des âges, compté sur elle, n'en attendait-il pas lui aussi son pain de chaque jour ? Ne restons-nous pas en admiration à la vue de ces surfaces infimes de terre productrice s'étageant sur la pente rapide jusqu'à la couronne caussenarde ? Que de persévérance représentent toutes ces murailles de pierre sèche aménagées par l'homme pour soutenir quelques mètres carrés à peine de terre cultivable ! Que de peine pour maintenir ces cultures en terrasses : remonter la terre, relever en partie le mur quand le mauvais temps a passé ! N'était-ce pas à lui seul qu'incombait toute la peine de mener à bien son ouvrage ? L'accès difficile de sa vigne lui interdisait parfois l'aide d'une bête de somme ; il devait endurer seul, du premier binage à la vendange, le travail et les fardeau. Aussi son visage était-il jovial à la mi-octobre, lorsqu'il plaçait sur sa tête le sac rempli de « poulses » (vannes de céréales) qui allait lui permettre de porter en équilibre la « banaste » (corbeille) pleine de beaux raisins jusqu'au chemin le plus proche. Le nombre de ces petites parcelles à « trabessiés » (terrasses) abonde dans la vallée ; beaucoup ne sont plus cultivées aujourd'hui. Le souvenir médiéval qui émane d'elles nous exhorte à rendre hommage aux laborieux constructeurs qui, apportant le plus souvent la terre arable sur leur dos, firent naître de la moindre friche une portion de terre nourricière.

Plus heureux que ses ancêtres, le terrien d'hier avait conservé seulement ses terres de « Cerisières » et celles situées à l'adret au bord de la rivière. Il avait droit aux « Condamines » qui entouraient le « serre du Cayla », le seigneur n'en percevait plus seul la récolte. Terre féconde de par son origine, facilement arrosable, elle lui permettait d'y avoir jardins, prés et arbres fruitiers. N'avait-il pas raison le Caussenard voisin, lorsqu'il disait que les gens de Navacelle ne mourraient jamais de faim ? Le riverain, en effet, paraissait ne disposer que de ressources modestes mais combien variées. Privilégié de bonne heure par des terrains en pâture s'ouvrant à la dépaissance collective, son activité agricole se doublait d'une activité pastorale. Ses chèvres et ses bêtes à laine paissaient dans les jachères communales ou agrippées sur les serres, y choisissaient les brins d'herbe savoureuse. Agneaux, chevreaux, laine, lait fromage, étaient un revenu appréciable. À la belle saison, la rivière aux truites saumonées l'attirait dans ses moments de loisir ; les truites de la Vis, justement appréciées, ses écrevisses renommées apportaient une ressource complémentaire. Dans les coins abrités qu'évite le « terral » (le vent du nord), auprès de son verger composé d'amandiers, de cerisiers, de pommiers, de pêchers à alberges succulentes, il avait placé ses ruches. Le miel exquis qu'il en retirait exhalait le parfum confus des genêts, des trèfles et des mille-feuilles mêlé aux cents fleurs diverses des versants.

Vivre dans la familiarité du riverain, c'était apprécier la rudesse ennoblissante de son travail, c'était apprécier sa gentillesse envers

Terrasses ou « trabessies » de Navacelle.

Rue du village de Navacelle.

Vissec

Le mulet qui, jusqu'à
la construction de la route
de Navacelle en 1934,
rendit tant de service.

Marthe décrochant des branches
les cocons des vers à soie.

Le vieux pêcheur
confectionnant des paniers.

le visiteur, sa délicatesse à observer la loi de l'hospitalité, c'était sentir planer au-dessus de lui la poésie paysanne, la vraie, dont lui seul détenait tous les secrets. Vingt habitants qui forgeaient l'infime mais solide maillon qui les reliait à la belle et indestructible civilisation agraire, dont la naissance se perd dans la nuit des temps !

En parcourant le hameau, il n'est pas quelque pierre, quelque arbre, une fleur qui ne nous apporte la sensation confuse de mille souvenirs.

Pierres demeurées si vivantes que nous vibrons à leur approche ! Mystérieuse communion des choses et des êtres qui excite notre imagination à entendre le langage furtif de la nature elle-même !

Ainsi, l'aire pavée du château demeurée telle qu'au premier jour semble nous conter le récit moyenâgeux. De l'irrégularité de ses dalles inondées de lumière, paraît monter encore la grave cantilène de la serve au travail :

*De votre douce haleine,*
*Éventez cette plaine,*
*Éventez ce séjour*
*Cependant que j'ahanne**
*À mon blé que je vanne*
*À la chaleur du jour.*

(*D'un vanneur de blé au vent,*
Joachim Du Bellay.)

Image sereine et belle émergeant du passé, image toute d'émotion contenue, symbole de sûreté et de grandeur !

Au long de la rivière, près des « fons » (fontaines) et des cascades, les moulins se sont tus. Les meuniers ne sont plus ; au début de ce siècle, le dernier s'en est allé arrêtant à jamais le tic-tac monotone. À la Foux, au Boundou, à Massely, au mas del Pont, dans les murs abandonnés, sans toit, les meules gisent éparses, sans vie, offertes au caprice de l'eau vive. Roues de pierre inertes dont le lichen et la mousse protègent l'évocation incessante et mélancolique de leur labeur enfui ! Que d'années, que de siècles ont passé au rythme de leur romance que l'onde de l'un à l'autre portait en la rendant plus belle ! L'acte des donateurs des moulins à l'abbaye de Gellone nous indique leur présence au cœur du Moyen Âge, mais leur origine n'est-elle pas plus lointaine ? La tradition fait remonter la construction du moulin de la Foux à l'époque romaine : faut-il voir dans ce témoignage oral une confusion, construction romaine pour construction romane, nous ne saurions le préciser. Les Romains ne furent-ils pas en Gaule les promoteurs de l'établissement des moulins à eau en remplacement des antiques meules à bras ? Ne dénigrons pas ce souvenir populaire peut-être véridique, respectons-le tel qu'il nous parvient des vieux âges. Moulins de la Vis, moulins solitaires dans un cadre d'arbustes, de lianes et de fleurs spontanés, vestiges émouvants, écroulés à demi, d'où le passant ne peut que retourner songeur. N'est-ce pas à regret qu'il quitte cette bâtisse déserte qui, durant des jours et des jours, fut le rendez-vous et l'âme de la contrée ? Les moulins établis sur la Vis n'étaient pas utilisés seulement par les gens de la vallée, mais surtout par les Caussenards à blouse bleue qui, à dos de mulet, y portaient l'orge et le seigle de leurs maigres « essarts ».

À côté de cette industrie qui prévalut dans les gorges de la Vis, notons la fabrication de filets, de paniers de pêche, de charbon de bois, de poterie. Sur les serres, sur les pentes boisées, des charbonnières étaient installées périodiquement et le charbon de bois était transporté à dos d'âne vers les villes voisines.

L'âne et le mulet, animaux au pied sûr par excellence, furent au cours de l'histoire utilisés comme moyens de transport pour gravir les sentiers rapides. Que de fois le chemin muletier solidement maintenu par des arêtes de pierre a-t-il été martelé par leur sabot intrépide !

À l'aller comme au retour, les bêtes de somme pliaient toujours sous leur charge : ils montaient porteurs de sable siliceux destiné aux verreries de Saint-Maurice, ils descendaient porteurs d'« engaouma », argile utilisée par la poterie du Mas del Pont. En cet endroit, situé à mi-chemin entre Navacelle et Madières, on pouvait encore voir, avant qu'il soit rasé il y a quelques années, les vestiges du four où le potier faisait cuire ses cruchons et ses terrines. Les « terrailles » du Mas del Pont, poteries frustres, furent utilisées longtemps par les ménagères des alentours. Dans les fonds de crédence ou les greniers de chez nous, il n'est pas rare d'en découvrir encore.

Comme les humbles ruines, les plantes et les fleurs sont pleines de réminiscences… La « grano de la telo » (la graine de la toile), c'est-à-dire la graine de chènevis, n'est plus semée à la « cambière »

Navacelle, la rivière.

en nouvelle lune de printemps, suivant le vieux principe agricole qui conseillait de semer les récoltes souterraines en vieille lune et les récoltes aériennes en lune nouvelle. Cette petite culture industrielle familiale a été abandonnée dans la localité il y a environ deux cents ans. Le chanvre demandait beaucoup de soins à la paysanne, depuis le semis jusqu'au tissage. Une terre fertile soigneusement préparée et bonifiée par le « migou » (fumier de mouton) était indispensable à sa bonne venue. Parvenue à maturité, cette plante textile exigeait encore une préparation délicate : rouissage, broyage, séchage, afin de faciliter la séparation des tiges de la filasse qui, filée et tissée, donnait une toile rousse et grossière. On en confectionnait des serviettes et des draps dans lesquels les vieux pêcheurs de Navacelle se souviennent avoir dormi.

On tissait aussi, les soirs d'hiver, des « sargues », étoffes rudes dont la trame était de laine et la chaîne de fil de chanvre. Au dire des vieilles grands-mères de chez nous, les garçons vêtus de culottes de sargue pouvaient courir, grimper à travers bois sans crainte d'accroc ; ces tissus étaient inusables.

Les tiges souples des genêts, dont les corolles frileuses émaillent le fond de la vallée, furent employées aux XVIII$^{e}$ et XIX$^{e}$ siècles. On en fabriquait la belle toile capable de résister à de multiples lessives aux cendres.

Comme notre pensée s'émeut au rappel de ces temps disparus, et comme nous aurions voulu retenir la dernière industrie familiale, peut-être la plus belle et la plus inhérente à Navacelle, qui a disparu sous nos yeux : l'élevage du ver à soie. Sans nul doute, la proximité du pays cévenol entraîna l'implantation de cette culture industrielle dans la vallée de la Vis. Le climat des gorges, beaucoup plus doux que celui des Causses balayés par les vents, permit à leurs habitants de l'ajouter à la polyculture traditionnelle. Plus à l'abri des gelées printanières, le mûrier qu'on a baptisé du si joli nom d'« arbre d'or » y fut planté en maints endroits. À Navacelle, tout auprès des habitations, les mûriers poussent à merveille. Leur nombre important nous indique la grande utilisation qu'on fit de leurs feuilles aux siècles passés. Naguère, à Navacelle, une seule femme s'adonnait encore à l'élevage des vers à soie et portait jusqu'à nous le joli métier de magnanarelle. Une seule, et cependant, au début de ce siècle, il n'était pas une femme du hameau et de ses alentours qui n'ait sa récolte de précieux cocons.

Personne n'ignore que le ver à soie se métamorphose dans un cocon qui, dévidé, peut fournir jusqu'à 1 500 mètres de fil de soie. Le papillon ou bombyx ne vit que quelques jours sans prendre de nourriture, juste le temps de permettre à la femelle de pondre ses œufs. Appelés communément « graines », ils sont infiniment petits puisque environ deux mille pèsent un gramme à peine. Que d'occupations, que d'attentions assidues et délicates exigeaient de leurs éleveuses ces faiseurs de soie ! À la fin de l'hiver, la « graine » placée dans un petit sac de toile était maintenue dans la cheminée à une température douce et pres-que constante. Savez-vous jusqu'à quel point elles l'entouraient de soins ?

Le soir, pour lui éviter un refroidissement fatal près de l'âtre éteint, elles l'emportaient avec elles au fond de leur lit. On raconte même que lorsque les « magnaguières » s'absentaient pendant quelques heures dans la campagne, elles la faisaient suivre dans leur corsage. Ainsi, vers le milieu d'avril, elles avaient la satisfaction bien gagnée de voir tous les œufs éclore et s'apprêtaient à se mettre ardemment à l'ouvrage. Car cette minuscule chenille devient extrêmement vorace au fur et à mesure qu'elle grossit et atteint le terme de sa croissance de trente jours. Elle dévore énormément de feuilles de mûrier, mais aussi pendant sa courte vie subit quatre mues dangereuses. Après avoir bien repu leurs « magnans* » de feuilles fraîchement cueillies, présumant qu'ils étaient prêts à « monter » et à baver leur soie, les éleveuses plaçaient sur les claies des rameaux de bruyère. Le dur travail de la magnanarelle était terminé, n'était-ce pas au tour de son protégé de lui rendre, en échange de son patient et minutieux labeur, le textile précieux ? À ses yeux, les beaux cocons, du blanc au roux, n'avaient pas leurs semblables sur terre : son visage rayonnait, son visage au regard bleu ou clair, aux traits fins et rosés qui caractérise si bien les filles cévenoles. Quelques jours encore et il fallait se hâter de vendre la récolte avant que, dès juillet, le papillon ne s'échappe et n'enlève au cocon sa valeur marchande. Elle vendait les plus jolis, gardait les plus faibles et les déchets pour lesquels les filateurs lui offraient trop peu et après avoir été séricicultrice, elle devenait fileuse. Elle était apte à transformer dans ses mains habiles cette matière soyeuse qu'on lui refusait et que des marchands de l'Aveyron lui échangeraient volontiers contre du tissu à la foire du Vigan. Elle faisait tremper ces débris de cocons dans une bassine d'eau chaude, ôtait

Toit de lauzes.

les chrysalides qui pouvaient s'y trouver et mettait à sécher cette bourre de soie de qualité inférieure appelée « filoselle ». Elle préparait sa quenouille, simple roseau fendu à son extrémité permettant ainsi de mieux entortiller la masse de brins de grège, son « fuss » ou fuseau de bois muni du « bertel », son complément indispensable, ou rondelle à trou central facilitant sa rotation, présentant exactement la même forme que la fusaïole archaïque. Et le fil de soie se formait, entre son pouce et son index agiles, si léger, si ténu, qu'on n'eût pu voir atavisme plus réel, plus vivant. Se doutaient-elles les belles fileuses précévenoles réunies sous le porche, qu'elles renouvelaient encore à l'aube du XX<sup>e</sup> siècle le geste de la fileuse antique ! La bourre de soie remplaçait la laine ou les fibres de lin, mais dans les objets qu'elles utilisaient, y avait-il quelque chose de changé ? Nulle invention émanant des vieux âges n'a joui d'une telle faveur dans le monde, n'a joui d'une telle fortune…

Image douce, heureuse, des fileuses, papotant et riant sous leurs coiffes blanches ornées de tulle brodé, se taisant parfois pour écouter, attentives, la plus âgées d'entre elles. Elle avait entendu parler du drac, des fées, de ces êtres de légendes que l'imagination populaire concevait de bon gré et aimait à s'entretenir. Elle leur disait qu'un monstre, « lou drac », recherchait les sources et hantait les villages, qu'à Navacelle sa demeure de prédilection était la grotte de « Truchencas ».

Troupeau de moutons.

Vissec, lavogne.

Elle leur parlait de la fée malfaisante qui vivait au tournant du sentier de Vissec à cinq cents mètres de Navacelle.

Là, le passant ne s'attardait guère et n'osait s'aventurer la nuit par crainte de sa colère et du mauvais sort qu'elle se plaisait à offrir. Elle leur parlait des « enroujadas » (vêtues de rouge), fées qui apparaissaient tous les dimanches matins sur le rocher Saint-Peyle, par delà le serre de la Clède, lorsque le dernier coup de la messe sonnait… Notre fileuse du siècle passé dut-elle entraîner si bien ses jeunes compagnes dans ce royaume merveilleux que Marcelle, leur descendante, savait nous y conduire encore !

Tels sont les souvenirs simples et purs d'autrefois, planant dans l'air doux, exquisément embaumé de cette fin de juin qui, tour à tour, nous pénètrent et nous enchantent !

Sur les flancs inégaux des serres, la pâleur rosée de l'églantine a fait place au chèvrefeuille aux multiples bouquets odorants, les touffes de lavande se hâtent de faire apparaître leur couleur bleue singulière. Liserons, pimprenelles, genêts et mauves ont activement préparé la décoration florale de l'enceinte. Il n'est pas un vieux chêne, un buisson, une mousse qui ne s'apprête à offrir sa vie la plus secrète, sa richesse la plus infime afin de rendre le culte traditionnel. C'est la Saint-Jean ce soir… Toute la terre exulte dans cet hymne au soleil.

Qui n'a respiré la pénétrante odeur de regain qui envahit la ruelle, qui n'a goûté en elle cette paix sereine, cette paix du matin régnant au long du jour, ne connaît pas Navacelle.

Navacelle est dans ce parfum incomparable de foin d'été, dans la vive blancheur de sa cascade écumante, dans le printemps de ses branches de pommiers. Navacelle est dans ses rues étroites et tortueuses en escaliers rampants, dans les murs vétustes de ses maisons où courent le lierre et la glycine en fleur. Navacelle est dans sa rue pavée à rigole centrale, dans ses basses portes romanes, dans ses vestiges de fenêtres géminées, dans son porche décrépité où transparaît la grâce médiévale. Navacelle est dans ses maisons à escalier extérieur, dans ses pavages de dalles de « fréjal », dans ses voûtes de tuf où s'abritent les chèvres et le bois sec. Navacelle est dans ses tombes enfouies sous des roses, dans la beauté simple et grave du chant de ses funérailles, dans la tristesse calme de son rite ancestral qui dépose ses morts auprès d'une ruine sacrée.

… et l'églogue éternelle.

Navacelle était tout cela… tout cela, quand le soleil de midi venait d'atteindre le rocher et que le martin-pêcheur venait surprendre furtivement le clapotis de la fontaine. Quand les sonnailles des brebis tintaient sous l'escalier et que la chèvre de Marie bêlait plus doucement au-dessus du poil blanc de son chevreau qui tétait. Tout était alors si doux, si délicieusement paisible que le temps paraissait ne plus s'écouler et l'églogue éternelle…

Là-haut, dans sa cuisine, Thérèse, lassée par ses travaux ménagers et la chaleur du jour, se reposait un instant avant de mettre son caillé en faisselles. Ce matin, après la traite, elle avait passé, à travers un linge fin, un mélange de lait de chèvre et de brebis. Elle l'avait mis à tiédir, avait versé la présure et accompli son geste rituel, car elle n'oubliait pas de « faire la croix » au lait comme elle la faisait au pain, à la manière des sages paysannes. Le soir, elle renversait ses « tomes » sur des « paillons », les salaient et pendant plusieurs jours les tournait soigneusement afin d'obtenir ces fameux « fromageons » de la province dont la renommée était déjà connue des temps antiques.

De l'autre côté de la Vis, Denis le vieux pêcheur, ses bras solidement musclés appuyés à sa fenêtre, entre deux jurons tonitruants, rêvait « à l'époque ». Il rêvait aux jolies fêtes du village où l'on dansait là tout près, au son d'un violon, sur la petite plage de galets fins qui s'avance jusqu'au courant.

Asphodèle.

Il rêvait aux jeux de son enfance, aux frimousses éveillées de ces demi-tritons quand, avec ses petits camarades, ils sautaient du haut du pont et allaient en plongeant chercher le sou jeté au milieu de la rivière. Et son regard fixé sur l'eau qui modulait la chanson de sa jeunesse, allait se perdre dans des gours inextricables, dans des gouffres sans fin qu'il connaissait comme sa poche.

À quelques pas de là, sur le sentier de Rochebelle, le grand-père Jourdan aux mains croisées sur une canne présidait à la solennité du lieu dans une frappante similitude.

Par delà le château, la cheminée de la petite maison grise accrochée au serre laissait monter une fumée plus dense... Cécile, à demi penchée vers son feu de bois préparait hâtivement sa soupe, cette bonne soupe à la marmite, délassante et fleurant la campagne, faite de pommes de terre, de poireaux et de lard pilé. Sur la terrasse voisine, Félix le cantonnier arrivait satisfait de son travail.

Il avait quitté pour un instant la petite route « vieille France » bordée de cubes de buis qu'il taillait avec adresse pour en faire le prélude à son cirque bienaimé.

Cardabelle.

Cheveux d'ange sur le causse.

Vieille bergerie.

Seul, le pas de Xavier résonnait dans la « carrière »... Il revenait de sa vigne... Il avait vu, mieux peut-être ce matin, les toits inégaux enchevêtrés, tantôt dispersés par des prés et des arbres, tantôt dispersés par une cascade tumultueuse que partout ailleurs on verrait solitaire... Et, dans cet enchevêtrement, cette inégalité de formes et de teintes, il avait vu une harmonie parfaite, une telle harmonie qu'il avait senti vibrer toute l'âme de sa nature familière. Navacelle était tout cela.

Il n'y a pratiquement plus d'autochtones aujourd'hui. Ils sont tous décédés. Il m'a semblé que l'hommage que je leur avais rendu avec tant de tendresse, il y a une quarantaine d'années, dans mon premier ouvrage sur Navacelle, devait rester intact. Je l'ai donc mis au passé. Pour reprendre le flambeau me direz-vous ?

Je salue ceux qui ont eu un coup de cœur pour Navacelle, qui y ont acheté des maisons, les ont arrangées pour y habiter toute l'année ou y venir passer leur temps de liberté, ceux qui y ont implanté un restaurant, une crêperie, une bimbeloterie. L'implantation d'artisans authentiques, menuiserie, poterie, ferronnerie, serait, semble-t-il, bienvenue.

Je salue les descendants des autochtones qui ont maintenu ou transformé coquettement la demeure de leurs aïeux. Madame Marie-Louise Jourdan, native de Navacelle, me disait, émue, ces temps derniers : « Si vous saviez avec quelle joie notre troisième génération se rend à Navacelle ! »

Un petit pont en dos d'âne.

Je salue les restaurations communales qui ont été faites avec vigilance à Navacelle. Je salue la main à venir des pouvoirs publics dominant le site.

J'ai un honneur peu commun à rendre aux habitants de Navacelle, à rendre à leur tradition orale : ce langage très lointain parvenu jusqu'à nous. Portant un respect profond à la tradition orale, j'avais été très attentive, en 1955, à ce qu'on m'avait dit à Navacelle. On rapportait que les hommes avaient aidé, jadis, la rivière dans son travail de démolition à la boucle de plus en plus serrée de son cours sinueux et de ce fait à l'abandon de son méandre. Ce méandre délaissé qui entoure la colline centrale m'avait paru être un accident géologique bien éloigné dans le temps, avant la présence efficace de l'homme à Navacelle.

Dans mon premier ouvrage, je laissais le fait rapporté au libre choix du lecteur.

Or, voici que la science nous dit : les tufs contenant des végétaux qui se trouvent dans le méandre abandonné, à la cascade de Navacelle et au-dessus du lit de la Vis jusqu'à Madières, ont été datés par le carbone 14 : vers 6 000 ans. À cette époque les hommes ont donc bien pu être là pour prendre part à l'achèvement du cirque merveilleux.

Navacelle, où transparaît la grâce médiévale…

# V

# Promenade attardée

Quelques promenades intéressantes autour de Navacelle peuvent être conseillées aux visiteurs :

– le dolmen de La Prunarède ;

– le cirque de Vissec ;

– la Foux.

## Le dolmen de La Prunarède

Pour s'y rendre, au retour du cirque de Navacelle, après avoir parcouru trois kilomètres, s'arrêter auprès des bâtiments de la vieille ferme. À pied, suivre, pendant huit cents mètres, le sentier qui conduit au dolmen.

Vous apercevrez bientôt, à travers les branches, la grisaille de sa construction imposante. Au milieu de plantes et d'arbustes épineux, vous contemplerez ce tombeau conservé intact depuis les temps antéhistoriques, un des plus beaux dolmens du Languedoc.

La croyance populaire fit souvent des monuments mégalithiques la demeure d'êtres légendaires. Les vieillards de Saint-Maurice appellent encore le dolmen de La Prunarède « l'oustal de las fadas » (la maison des fées). Une exquise légende de notre terre rapporte qu'une fée belle et bonne y vivait et se donnait pour tâche la protection des enfants malheureux. N'est-ce pas en souvenir de ses nombreux bienfaits que les pâquerettes y font deux floraisons ? Courtes et timides à l'approche de Pâques, elles s'élèvent à nouveau plus altières et plus belles à la fin de l'été.

L'opinion prévalante voit dans le causse dénudé un désert morne et sans vie. Comment réhabiliter aux yeux de ceux-là ce pay-

Dolmen de La Prunarède. (Dessin de l'auteur.)

sage indigent pourtant si plein de richesse pour qui sait voir affectueusement en lui ! Mais aucune parole, même prononcée par l'amour filial d'une terrienne, ne saurait rendre son remarquable caractère, depuis celui de ses ciels colorés, jusqu'à l'humble carabe qui se cache sous la ronce. Tandis qu'une gravité reposante émane de l'inflexion de ses dolines, de ses mégalithes perdus dans ses bois de chênes ou dans ses pacages, les détails les plus inattendus charment les yeux.

Vous serez sans le vouloir enchantés par l'imbrication soyeuse d'un modeste chardon ou par la fine décoration de touffes d'ellébore. Des fils de la Vierge dans une perspective sans fin y paraîtront tissés pour l'elfe du taillis. Vous y entendrez toujours le bruit paisible des sonnailles. Et si vous avez la chance de voir dans une étendue d'asphodèles la silhouette d'un berger interposant avec majesté la largeur de ses doigts entre le soleil et la terre, vous serez étonnés de cette réminiscence biblique. Quoi de plus inhérent au causse, à sa grandeur native que l'allure du vieux pâtre ayant pour seule montre le soleil, pour calendrier sa main !

## LE CIRQUE DE VISSEC

Au retour du cirque de Navacelle, dans le Gard, prendre le chemin de Blandas qui conduit à Vissec (D 113) [environ 10 km] ; dans l'Hérault, sur la D 25 direction Lodève, à sept kilomètres du village de Saint-Maurice, prendre la D 152 puis la D 113 qui conduit à Vissec [environ 25 km].

Vous serez frappés par le cachet si particulier de ce cirque. La pente droite à végétation arborescente touffue, la pente gauche ponctuée de vignes il y a quelques années protègent ce modeste village divisé en trois hameaux isolés ; elles ont disparu dans l'ancienne végétation qui recolonise la pente. Un clocher, un pont, les ruines d'un château émergent des tuiles rouges mêlées de « lauzes ». La large sinuosité qu'y étale la Vis caillouteuse crée une originalité telle dans ce tableau qu'il se classe parmi les plus somptueux et les plus dignes des gorges de la Vis.

On peut aussi s'y rendre à pied, ce qui promet de riches émotions. Suivre alors la corniche du causse, en direction ouest, de la ferme de La Baume-Auriol à la ferme de Roquenouse. Cette promenade présente beaucoup d'intérêt pour celui qui veut connaître la partie supérieure des gorges.

L'isolement de ces lieux est tel que les grands rapaces de l'air en ont fait leur royaume. Les hautes roches, fissurées de « canolles » où pousse une végétation arbustive vierge écartée de toute intervention humaine, sont leurs refuges de prédilection. Les grands-ducs et les aigles y ont placé leur aire et y transportent les pauvres animaux qui n'ont pu résister à leur voracité. On raconte que, tout jeune, Paulin Bourrier, fils du fermier de La Baume-Auriol, profitant de l'absence des oiseaux de proie, se suspendait à une corde et pouvait ainsi y accéder. Il en rapportait des lapins, des oiseaux, parfois même un

Vissec, les méandres secs de la Vis.

râble de lièvre. Cette chasse inédite stimulait sa témérité. Il ne fut pas peu surpris d'en retirer un jour un tout petit porcelet.

Il peut arriver au chasseur ou au promeneur qui marche sans faire de bruit d'apercevoir un aigle à une très faible distance. La vue soudaine de l'aigle fauve à « l'œil respecté du soleil » qui se pose sur un roc procure une impression très forte.

Environ deux heures de marche sont nécessaires pour le véritable amateur qui ne voudra s'écarter des surplombs et suivre exactement les promontoires qui dominent les gorges.

## La Foux

Actuellement, voici le parcours le plus facile pour se rendre de Navacelle à la Foux : dans le Gard, prendre en voiture, à Navacelle, la route D 113 qui conduit à Blandas ; vers trois kilomètres, à gauche d'un petit terre-plein, un sentier descend jusqu'à la Foux.

À pied, on peut se rendre de Navacelle à la Foux à pied en remontant le cours de la rivière (environ une heure et demie).

La Foux.

En voiture, on peut également se rendre dans le cirque de Vissec et continuer à pied jusqu'à la Foux. Mais il est inutile d'arriver jusqu'à Vissec ; laisser la voiture au dernier tournant avant le village. Là, suivre à pied le sentier qui conduit jusqu'à la résurgence de la Vis (à peine trois-quarts d'heure de marche).

Les formes capricieuses de la pierre vive, les roches colossales qui, perpendiculairement, enserrent le lit sec composent un décor des plus sévères. C'est le canyon du silence. La rivière blanche, inondée de galets réfléchissant sous le soleil une lumière aveuglante, l'imprègne de son mystère.

Cette curiosité impressionnante pousse le promeneur à aller de l'avant. Il voit la Gorge se resserrer peu à peu ; du sentier où il longe l'étroitesse extrême du canyon, il décèle soudain un bruit sourd et confus... Il s'approche... Un vrombissement énorme se précise, une masse d'eau jaillit bouillonnante et pure. C'est la résurgence réputée qui ramène la vie au fond du ravin aride. Entre des falaises verticales y tenant lieu de berges, un torrent impétueux roule une eau verte et mousseuse. Cavernes, abris sous roches, ponts naturels ajoutent à la sauvagerie du lieu. Entourée d'arbres caducs, de plantes à fleurs s'enchevêtrant pour y mieux tamiser une clarté inopportune, la Foux mugissante fait naître l'épouvante et l'angoisse au cœur du visiteur, mais aussi soudainement elle fait plus que cela, elle le ravit.

# Glossaire

**(j')ahanne** (dans Joachim Du Bellay) : (j') éprouve une grande fatigue.

**baume** : grotte.

**cami ferrat** : chemin empierré ; fréquemment voie romaine.

**canebière** : endroit où l'on cultivait le chanvre.

**canolles** : fissures des hautes roches où pousse une végétation.

**carrière** : chemin.

**cingle** : corniche d'une falaise.

**condamines** : les meilleures terres.

**dralhes** : chemins anciens empruntés par les troupeaux de moutons, particulièrement pour la transhumance.

**essarts** : petites pièces de terre où l'on prélevait les cailloux pour les mettre en tas, afin de pouvoir cultiver des céréales entre eux.

**foux** : fontaine.

**fréjal** : pierre froide.

**gleize** : église.

**gourneiras** : le grand gouffre.

**gourneirou** : le petit gouffre.

**lauze** : dalle plate, ici en calcaire, utilisée localement pour couvrir les toits.

**magnans** : vers à soie.

**negadis** : endroit sujet à être inondé.

**oppida** : terrains fortifiés.

**pas de l'escalle** : pas de l'échelle.

**puech** : colline.

**planiols** : courants calmes de la rivière.

**ratchs** : courants rapides de la rivière.

**serre** : ligne continue de collines.

**tombelles** : petits tumulus.

**tumulus hallstattiens** : tertres arrondis, que les hommes préhistoriques élevaient au-dessus des sépultures, semblables aux tombes de l'Hallstatt, nécropole autrichienne de l'âge du fer.

**valat** ou **ballat** : ruisseau à sec.

# Bibliographie


ALAUS P., CASSAN et MEYNIAL, « Cartulaire des abbayes d'Aniane et de Gellone », 1898-1900, 2 vol.

AMBERT P. et VERNHET A., *Les Hommes et leurs environnements quaternaires dans les causses de l'Aveyron*, 1993, association des Amis du musée de Millau.

APPOLIS E., *Le Diocèse civil de Lodève*, thèse de Lettres, Paris, 1951.

CONSTANTINI G., *Les Grands Causses aux temps préhistoriques (du Paléolithique à l'âge du fer)*, 1994, association des Amis du musée de Millau.

BOUSQUET J.-Cl., *Géologie du Languedoc-Roussillon*, Les Presses du Languedoc, Montpellier, 1997.

DURAND-TULLOU A., *Un milieu de civilisation traditionnelle : le causse de Blandas, Gard*, thèse de la faculté des Lettres de Montpellier, 1959 (2e partie).

DURAND-TULLOU A., *Le Loup du causse (la légende d'un compagnon de Rohan, 1594-1638)*, Paris, Payot, 1994.

DURAND-TULLOU A., *Vissec et son étrange rivière*, Montpellier, éd. Espacesud, 1995.

DURAND-TULLOU A., « À la découverte d'une étrange rivière : la Vis », *in Cévennes Magazine*, n° 774 à 779, Alès, 1995.

LABADIE P. et VASSEUR F., *Larzac méridional et Séranne* (Spéléo sportive), Montpellier, EdiSud, 1992.

*Les Cahiers de Cuculles*, Les écologistes de l'Euzière, domaine de Restinclières, 34730 Prades-le-Lez.

MARRES P., *Les Grands Causses*, 2 t., 213 p. et 445 p., Tours, Arrault, 1935.

MARTEL Ed.-A., *Les Causses majeurs*, Millau, Artières et Maury, 1936.

MARTIN E., « Cartulaire de Lodève ».

MAZAURIC F., « Recherches archéologiques sur le Larzac «, *in Bulletin de la Société d'études des sciences naturelles de Nîmes*, 1906.

MAZAURIC F., « Recherches spéléologiques dans le département du Gard (1904-1909) », Paris, Sepelunca, 1970, t. VIII, n° 60.

MILHAU G., *Navacelle*, Montpellier, Causse Graille et Castelnau, 1955 ; rééd. en 1985, impr. des Beaux-Arts, L'Oulette-Soubès, 34700 Lodève.

MILHAU G., *Féerie d'une terre pauvre. Évocation du Larzac méridional* (préface de Paul Marres), Montpellier, Reschly, 1969. (Prix Cécile Pascal-Vignal « Prose française et Histoire » aux Jeux floraux 1970.)

PALOC H., *Hydrogéologie de la région viganaise*, thèse de 3e cycle, faculté des Sciences, Montpellier, 1961.

Crédit photographique :

Henry Ayglon, p. 14, 15, 23, 27, 36, 41 (3), 45, 47, 67 (3), 71, 75 (2), 78 (2), 79 (2), 82, 86, 87.

Adrienne Durand-Tullou, p. 31, 59, 68 (bas g.).

Collection de l'auteur, p. 18, 21, 25, 26, 32, 38, 39, 52, 54, 62, 68 (haut g. et centre), 77, 80, 84.

Archives départementales de l'Hérault, p. 51, 56.

Joëlle Jourdan, p. 74.

# TABLE DES MATIÈRES

Achevé d'imprimer en juillet 1998
sur les presses de l'imprimerie France Quercy à Cahors.

N° d'impression : 81352 FF
Dépôt légal : août 1998.